GUERRE OU PAIX

EN

ORIENT.

IMPRIMERIE DE HENRI DUPUY,
RUE DE LA MONNAIE, 11.

GUERRE OU PAIX

EN

ORIENT

PAR

E. BARRAULT.

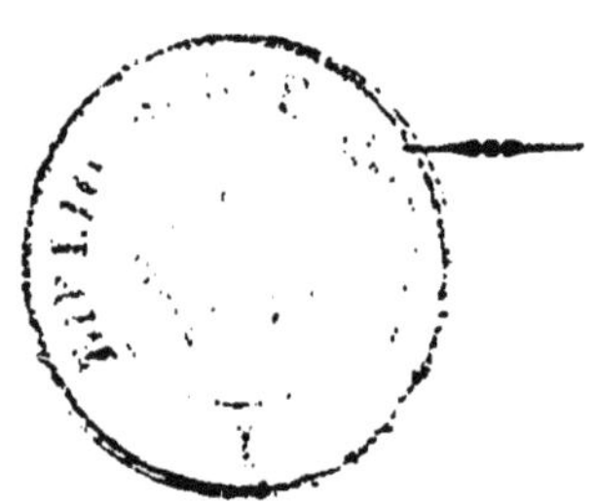

PARIS

LOUIS DESESSART, ÉDITEUR,

9, RUE DE SORBONNE.

LONDRES

J.-B. BAILLIÈRE,

REGENT STREET, 219.

1836

A

HOART,

Né le 10 juin 1795, à Paris,
Élève de l'École polytechnique,
Capitaine d'artillerie,
Ingénieur des Ponts-et-Chaussées,
au service de Méhémet-Ali,
Mort le 12 octobre 1835, au barrage du Nil.

TABLE.

—

GUERRE OU PAIX.

—

Il y a long-temps que l'Europe occidentale parle de paix en portant la main à la garde de l'épée, et de guerre en enfonçant l'épée dans le fourreau. Si étrange que semble ce perpétuel démenti de sa parole et de son geste, on ne saurait se refuser à y voir une raison profonde. La guerre est impopulaire, et une pareille impopularité flétrit une paix bâtarde sans sécurité, sans prévoyance, sans moralité. De là cette constante alternative de velléités pacifiques ou belliqueuses, expirant fidèlement les unes dans les autres. Cependant la continuation de cette triste comédie ne serait digne ni de la sagesse ni de la puissance de l'Europe.

Six mois ont amené dans la question d'Orient quelques faits nouveaux, et en ont surtout multiplié les discussions. On a déjà trop dit pour n'être pas dans l'obligation d'agir. Le *statu quo* ne saurait durer. Et ce ne sont pas seulement les protestations de l'opinion publique qui l'ont convaincu de n'être qu'une paix traîtreuse et mensongère : le bruit de prochaines démonstrations armées l'en convainc plus éloquemment. Il est temps que la question arrive à un traité solennel qui pacifie sincèrement l'Orient et l'Europe; aujourd'hui les parties intéressées sont mises en demeure.

A qui profite le *statu quo?* A la Russie, et à la Russie uniquement. La Russie ne perd rien à temporiser, pas même du temps; pour elle, s'abstenir, c'est toujours agir. Sous les apparences de l'inertie, elle exploite impunément les avantages de sa position, des traités conclus et de l'apathie de l'Europe. Son silence conquiert, son ombre seulement envahit. Que signifierait contre sa diplomatie la lutte de la diplomatie européenne, lorsqu'elle peut en vingt-deux jours (1) présenter quarante mille hommes à l'embouchure des Dardanelles ou sur les rives du Bosphore, et en trois jours, grâce à l'immuable complicité du courant et du vent du nord, faire mouiller sous les murs du sérail l'escadre de Sebastopol? Nous ne parlons point des seize mille hommes qui forment la garnison de Silistria, sous les ordres du général Mouravief. On a toujours beau jeu quand on peut mettre sur le tapis de pareilles cartes. Avec le sultan Mahmoud, le roi Othon, et Mohammed-Shah entre les mains, elle s'investit peu à peu

(1) « Tout a été prévu, calculé d'avance, pour le cas d'invasion de » la Turquie. Des Grecs, devenus sujets russes, ont fait avec l'argent » de la Russie, et sous le prétexte de spéculations particulières, des » approvisionnemens considérables en blé et en orge sur toute la ligne » que les armées russes doivent parcourir. Leur marche même a été » calculée; et en vingt-deux jours, quarante mille hommes se trouve- » ront campés sur le Bosphore et à l'embouchure des Dardanelles. » (Introduction du tome Ier d'*Égypte et Turquie*, ouvrage très-remarquable de MM. de Cadalvène et de Breuvery.)

d'une archi-suzeraineté sur l'empire ottoman, sur la Syrie, l'Arabie et l'Egypte, sur une portion même du littoral septentrional de l'Afrique, sur les provinces de la Grèce, et sur la Perse. Le *statu quo*, c'est l'envahissement lent, mais irrésistible de tout l'Orient par sa domination ou son influence : aussi qu'on se garde bien de calomnier la prudence du cabinet de Saint-Pétersbourg en lui prêtant pour le moment des intentions de guerre. Il ne demande rien de plus que la stricte observation des conventions établies, et ce peu lui donne tout. Il connaît ou pratique le proverbe ottoman : « Avec un arabat (1), on prend un lièvre. » Et il patiente, mais pour quelle proie!

L'Angleterre a compris et elle arme : elle ne veut plus paisiblement assister, sous le pavillon de ses escadres, à l'inévitable absorption de l'Orient par la puissance qui lui fait concurrence dans toute l'Asie. Elle prétend en réprimer les imperturbables empiétemens, ou se faire sa part.

(1) Chariot traîné par des bœufs.

La prépondérance russe, dans les provinces arabes qui relèvent encore aujourd'hui de la Porte, peut lui interdire le libre passage du Nil et de l'Euphrate; cette même prépondérance dans la Perse la menace au cœur de ses possessions asiatiques. La Perse, n'est-ce pas une cuirasse au-devant de son monde indien? Chaque pièce qui s'en détache la met à découvert et devient une arme aux mains de l'ennemi. Il lui tarde de rompre, sous une forme ou sous une autre, ce *statu quo*, à la faveur duquel la Russie tisse et déploie en silence les mailles d'un réseau immense autour de l'Orient, en attendant le jour où elle dira, la pointe de sa lance à terre : Ceci est à moi.

Déjà, depuis un an, la diplomatie anglaise a repris une activité nouvelle. Sous les auspices de lord Ponsomby, la prédication d'une croisade en l'honneur de l'indépendance turque a retenti à Constantinople même, et s'est répétée à Londres par toutes les voix de la presse (1). L'apôtre

(1) *L'Angleterre, la France, la Russie et la Turquie*, brochure de M. D. Urquhart, publiée d'abord en français à Constantinople, puis en anglais à Londres, et commentée par presque tous les journaux.

principal de cette sainte levée de boucliers contre la Russie a été nommé premier secrétaire de l'ambassade britannique auprès du Sultan. D'une autre part, lord Durham, pour se rendre à Saint-Pétersbourg, a affecté de passer par les Dardanelles, le Bosphore et la Mer-Noire, et d'écrire ouvertement dans son itinéraire l'objet le plus important de sa mission à la cour du Czar. Cependant, l'escadre de l'amiral Rowley reçoit des renforts dans la Méditerranée, et les forces navales de la Grande-Bretagne se recrutent de dix mille hommes. Enfin, pour prix de ces premiers signes de détermination, l'Angleterre, en apparence du moins, remporte une sorte de victoire sur l'influence russe auprès de Mahmoud.

Mahmoud croit-il toucher à l'instant de sa délivrance? Il ose conférer à lord Ponsomby un ordre d'honneur dont, parmi les étrangers, deux Russes seulement avaient été décorés. Il ose même, dit-on, faire traduire en turc, pour l'édification de ses sujets, le véhément manifeste du premier secrétaire de l'ambassade britannique contre l'agrandissement de la Russie et l'humiliation de la Porte. C'est peu : l'ordre vient d'être donné d'équiper et de tenir prêt un matériel de sept à huit cents pièces de canon qui se trouve à Constantinople. En Anatolie, deux corps d'armée, composés de nysam et de troupes irrégulières, campent et attendent. Dans tout l'empire, près de soixante mille hommes de milices nationales, sorte de landwhert turque, montrent le plus grand zèle à se laisser exercer. Est-ce donc qu'au premier coup de canon de l'Angleterre, un peuple va se lever, et à la tête de ce peuple, l'héritier de la dynastie d'Osman, tous frémissant, chef et peuple, de haine contre le Moscovite, d'amour de l'indépendance, du souvenir de leurs outrages, et tous prêts à revendiquer leur liberté les armes à la main?

Commençons par rendre sincèrement grâce à l'Angleterre de l'énergie de sa résolution. En prenant cette attitude, elle provoque la France à caractériser nettement la sienne. Si jusqu'à présent le rôle négatif que la France s'était conçu dans la question orientale a été le plus prudent et même le plus digne, voici l'heure où ce rôle doit s'effacer devant une politique affirmative. Tout fait espérer qu'à côté des démonstrations de l'Angleterre, la France aura l'émulation de signaler sa pratique.

Que fera la France?—Le *statu quo* ne protège point l'indépendance de l'Orient, au-dessus duquel il laisse, suspendue, grossissant et s'avançant toujours, une inévitable avalanche : il ne met pas même l'Occident à l'abri de la terreur. Plus long-temps maintenu, le *statu quo* est un plein-pouvoir que l'Europe donne à la Russie sur toutes les régions orientales, et que l'habileté de ses négociateurs ne saurait révoquer, vaine et tracassière avocasserie en face de la consommation journalière d'un fait! Enfin, le *statu quo* ne semble plus maintenant que le pacte de la torpeur avec l'ambition, et telles sont les répugnances qu'il soulève que, selon l'avis de plusieurs, il y a hâte d'en sortir, fût-ce au prix d'une guerre. — Et cependant la guerre n'est point dans le vœu des nations de l'Europe. La guerre ne ferait que trancher ce qui peut être dénoué sans son glaive; ou, taillant en-deçà et au-delà de ce qui doit être divisé, elle ne ferait qu'ajouter à la besogne d'un futur congrès la peine de réparer de tristes hasards.— Que fer. donc la France? Elle fera faire la paix.

Pour une telle œuvre la France a vraiment autorité. Il y a long-temps que par ses paroles et ses exemples elle sème la modération : c'est à elle qu'il appartient de recueillir la gloire d'une intervention efficace. Sans doute il fallait que l'Europe en sentît le besoin : mais les préparatifs d'hostilités prochaines en signalent peut-être l'opportunité.

La France ne doit être le second ni de la Russie ni de l'Angleterre dans leur terrible duel : grâce à sa médiation, toutes deux comprendront qu'à chacune d'elles il appartient d'invoquer, à l'appui d'une partie de ses prétentions, soit des faits accomplis, soit d'impérieuses nécessités qu'il y aurait folie à méconnaître.

La Russie ne saurait ni vivre sans la Mer-Noire ni s'y laisser enfermer et noyer. Constantinople, qu'elle a laborieusement conquise à son influence, est le salaire de deux cents années de travaux :

sa suzeraineté sur le Bosphore et les Dardanelles peut seule lui répondre de l'entière sécurité des provinces méridionales de son empire, et de ses acquisitions du Caucase et de l'Asie-Mineure. L'épée à la main, une nation est souvent heureuse d'accepter des conditions ; elle ne se résigne pas au suicide.

L'Angleterre, à bon droit, réclame sûreté pour ses possessions de l'Inde, pleine liberté de communications entre la métropole et son empire colonial : de là le besoin d'influence aux bords de l'Euphrate, de la Mer-Rouge et du Nil. Y prendre ouvertement pied, voilà la partie capitale et positive de ses plans : détrôner la Russie de son ascendant à Constantinople et lui succéder, telle en est la partie secondaire et aventureuse. Même une démonstration aux Dardanelles n'aurait d'autre but ou d'autre résultat que la réalisation de ses vues les plus sérieuses.

Ce sont là les bases d'après lesquelles, dès aujourd'hui, la Russie et l'Angleterre auraient à traiter de la paix, s'il leur plaisait. La guerre, quelles qu'en fussent les chances, ne ferait point en définitive surgir d'autres bases de négociations : car chacune de ces deux puissances ne peut, sans s'exposer à périr, lâcher pied sur le terrain où elle s'est posée. Donc, inutile est la guerre à moins que l'obstination des cabinets ne veuille céder qu'à l'odeur de la poudre Il a bien fallu le bombardement de la citadelle d'Anvers pour précédent à la longue série des protocoles hollando-belges. Si quelque coup d'éclat est l'indispensable prélude d'un nouveau pacte oriental, que les nations intéressées se hâtent ; l'Orient et l'Europe ont besoin de la paix.

La base de négociations précédemment exposée une fois admise, comment les puissances procéderont-elles à l'exécution de leur traité? La prise de possession de l'influence consentie là à la Russie, ici à l'Angleterre, devra-t-elle être immédiatement constatée par l'occupation militaire de telle ou telle position? Quoiqu'on puisse penser que chaque jour oblige les termes de cette conclusion à se préciser de plus en plus, c'est aux cabinets de l'Europe seulement qu'il convient d'arrêter une si grave et si délicate décision.

Toutefois, s'il devait en être ainsi, la France, après s'être employée à régler et à concilier des prétentions rivales, aurait à accuser hautement son rôle d'arbitre et la sollicitude de ses propres intérêts par une mesure du même genre.

On a mis en avant, à la Chambre des députés, un projet d'occupation par la France d'un point de la côte d'Asie dans le voisinage même de Constantinople, afin de tenir en bride la Russie. Evidemment, dans le cas où la Russie, en vertu de stipulations européennes, représenterait son influence à Constantinople par une garnison sur les rives du Bosphore ou du canal des Dardanelles, il y aurait lieu pour la France de mettre à exécution la proposition énoncée à sa tribune (1). Par là seulement elle garantirait et sa part d'influence et les intérêts nationaux dans cette région de l'Orient. Cependant, hâtons-

(1) Quoiqu'on ait invoqué à l'appui de cette mesure un précédent français, l'occupation d'Ancône, il est notoire que c'est l'Angleterre qui la première fit quelque bruit de la nécessité de placer un poste à Smyrne.

nous de le dire, il semble que cette proposition ne soit que la moitié d'une idée large et juste.

En effet, que l'Angleterre, en vertu des mêmes conventions, fût autorisée à contenter sa prédilection pour les provinces arabes, et à mettre garnison sur les bords de l'Euphrate et du Nil, la France ne serait-elle pas dans l'obligation d'occuper un point important de cette autre région de l'Orient, afin d'y exercer également son droit de garantie? Telle est infailliblement la seconde moitié qui complète l'idée.

La France, posant en Orient, dans le voisinage des Dardanelles et de l'isthme de Soueys, deux fortes sentinelles, l'une à côté de la Russie et l'autre à côté de l'Angleterre, ferait équilibre à ces deux puissances, les cautionnerait l'une contre l'autre, répondrait de la paix générale, et satisferait aux légitimes exigences de ses relations commerciales en même temps qu'à la dignité de sa politique pacifique et élevée.

Par là, la Méditerranée, que l'on tremble de voir changée en un appendice de la Mer-Noire, resterait ce qu'elle est, une mer européenne, noblement protégée dans sa liberté par le pavillon de la France et ses deux grandes stations orientales. Et ce ne serait pas seulement le débouché de ses produits, ce serait encore celui de la partie aventureuse de sa population que la France couvrirait de sa haute influence dans l'Orient russe et dans l'Orient anglais. Les entreprises industrielles, vers lesquelles se tourne dès aujourd'hui le génie de ses enfans, accroîtraient sa richesse et sa gloire, en profitant à la régénération de l'Orient.

L'entretien de cette vaste paix coûterait moins que la guerre : la paix se nourrit elle-même ; la guerre ne produit rien, consomme et détruit. Les frais du cantonnement des troupes européennes en Orient ne seraient pas compensés seulement par les fruits d'une entière sécurité dans toutes les relations commerciales et dans les grands travaux industriels, auxquels ces légions pourraient elles-mêmes être appliquées, selon le glorieux exemple que vient de donner la France : il serait enfin permis à l'Europe occidentale de réduire le pied de guerre, et de commencer son désarmement.

Enfin, il semble que les effarouchemens de la liberté devraient s'évanouir, dès que la Russie aurait à ses portes une sentinelle qui lui crierait : *halte!* si elle voulait se retourner vers l'Occident, qui lui dirait : *marche!* quand elle irait vers son Orient.

Toutefois, quoique l'Orient soit de fait aujourd'hui entre les mains de la chrétienté, ce n'est pas le territoire, c'est le protectorat de ce monde qu'ont à se partager les puissances de l'Europe. Il ne peut s'agir ni de détrôner les dominations établies pour leur substituer des vice-rois de Londres ou de Saint-Pétersbourg, ni de remplacer par une administration étrangère l'administration indigène. Sous le patronage européen, l'Orient doit continuer à se gouverner, à s'administrer, à se posséder, à vivre enfin de sa vie. Morcellement, révolution, atteinte à sa dignité, à ses lois, à ses mœurs; l'Orient n'en souffrirait rien. Pour dévorer ses oppresseurs ou ses profanateurs, il a un autre fléau que la peste; c'est le fanatisme. Aujourd'hui ce fanatisme dort, apprivoisé par la réforme: mais la foi veille toujours, dernière gardienne de l'indépendance du monde musulman ; elle se plie à l'acceptation de tous les bienfaits que lui verse l'Europe, arts, sciences, industrie; elle résisterait avec une indomptable énergie à tout ce qui lui paraîtrait l'ombre d'un outrage. Sur le champ de bataille le cimeterre, partout le poison et le poignard frapperaient sans merci et sans lassitude : ce serait une guerre d'extermination.

Ce respect que l'Orient imposera à ses dominateurs est pour l'Europe même une nouvelle garantie contre l'ambition de la Russie. Elle n'y trouvera point un troupeau d'esclaves qu'elle jette à des rêves capricieux d'agrandissement et de conquête : sous peine de terribles catastrophes, elle devra marcher d'un pas prudent à côté de leurs priviléges, et adopter la modération pour mot d'ordre de sa tutelle armée.

L'Orient tout entier, terre et population, souffre : Mahmoud et Méhémet-Ali n'ont pu que le préparer à sa régénération. Pour continuer leur œuvre, il est temps que l'Europe se pacifie et le pacifie à son tour. Le *statu quo,* c'est le pied de l'Europe sur la gorge de l'Orient, et la main de l'Orient sur lui-même : oppression étrangère et déchirement intérieur ; impuissance à se réorganiser sous le poids, sous le souffle même de ses civilisateurs qui le tiraillent, le corrompent à qui mieux mieux, et reste d'acharnement à se mutiler de ses propres armes ; telle est la situation de l'Orient. Si l'Europe veut qu'il expire d'une mort lente, qu'elle maintienne le *statu quo* : si elle veut l'achever d'un coup, qu'elle le jette dans la guerre ; si elle veut lui rendre la vie, qu'elle fasse la paix !

La France heureusement se souviendra de sa mission. Quand elle ne combat point, il lui reste une ambition, c'est celle de pacifier. Telle est aujourd'hui sa gloire. Si la guerre ou la paix se faisait sans elle, elle sait bien qu'elle perdrait de sa dignité en Europe, de son influence en Orient, et avec cette influence la garantie d'immenses avantages. Osons-le dire, selon qu'il y a pour elle perte ou gain, le monde perd ou gagne.

Cependant un auxiliaire lui est nécessaire dans ce magnifique travail de médiation, et cet auxiliaire ne lui fera point faute; c'est l'Autriche. Intéressée à la question d'Orient par son Danube et ses provinces adriatiques, mais amie de l'ordre et de la paix, la prudente et noble Autriche prêtera à la France son concours. A ces deux nations qui, les premières, installèrent l'équilibre sous l'inspiration de leur rivalité, oui, à l'Autriche et à la France de décider encore, les premières, par un effort commun de modération, une transformation nouvelle du vieux pacte européen réclamée par tant d'événemens!

Ce n'est point à une solution définitive d'une aussi vaste question qu'il est aujourd'hui possible d'aspirer : fût-il provisoire, un règlement amiable satisfera aux urgences présentes, et sera un acheminement pacifique aux solutions plus complètes dont se chargera l'avenir; à chaque jour sa tâche!

Nous n'ignorons pas combien se peuvent glisser d'objections entre les propositions précédentes : les pages qui suivent en établiront peut-être la justification. Si nous avons brusquement débuté par la conclusion, c'est que nous n'avions plus à exposer la question, à la traiter méthodiquement, et à offrir une solution basée sur l'étude du passé, conforme aux données du présent. Le présent et le passé ont été, sinon approfondis, du moins embrassés et saisis : il fallait donc répondre aux impatiences actuelles en esquissant tout d'abord, en traits généraux, l'avenir le plus rapproché. C'est une nouvelle protestation contre le *statu quo*. Cela fait, nous allons discuter les points les plus graves de ce résumé, et nous reviendrons à notre point de départ, au but que nous avons signalé, à pas plus lents et en appuyant chacun de nos pas.

ALLIANCE

DE L'ANGLETERRE.

On ne se lasse point de prêcher à la France une coalition avec l'Angleterre, afin de réprimer les envahissemens de la Russie, et de sauver la liberté et la civilisation, fût-ce même au prix d'une guerre. Nul doute, si cette sainte cause était en danger et le salut impossible autrement, que la France ne dût encore courir aux armes. Il y aura lieu à en examiner les risques sérieux et le moyen le plus sûr de les conjurer.

Cependant, même en admettant comme une nécessité la coalition proposée, est-il hors de propos de discuter la nature des intérêts des deux nations qu'on appelle à se liguer? Le vent de l'opinion pousse à pleines voiles la France dans les eaux de l'Angleterre; c'est un motif de plus de se livrer à cette discussion. Tel sera sans doute l'avis des esprits positifs qui ne font pas de la politique d'entraînement. La France ne compte pas ses ennemis; il peut lui être bon de compter avec ses alliés, et mieux vaut avant qu'après.

A Dieu ne plaise que nous offensions, de l'ombre seulement d'un mauvais vouloir, l'alliance de la France et de l'Angleterre! Leur traité de paix est le premier chapitre de l'Évangile de la sainte alliance des nations : il y aurait sacrilége à en provoquer la rupture. Selon nous, il serait juste de flétrir, comme inintelligente ou mauvaise, toute commémoration perfide des vieilles haines nationales. Qu'on n'allègue pas même contre la durée de leur union le sang qui est entre elles : c'est en se baptisant de leur sang qu'elles se sont faites de la même famille. Une longue guerre produit toujours une paix sincère, parce qu'à la faveur de ces frottemens séculaires les peuples s'assimilent forcément, en les transformant, leurs élémens primitivement antipathiques : la guerre fait leur éducation et les convertit l'un à l'autre. C'est pourquoi il n'est pas au monde d'alliance plus vraie, plus honorable, plus indissoluble que celle de la France et de l'Angleterre. Elles se sont communiqué de leur vie, elles se sont faites à l'image l'une de l'autre tout en gardant chacune leur physionomie, enfin elles se sont créé une langue commune : ce n'est pas seulement par leurs surfaces que se touchent ces deux grandes existences politiques, il y a entre elles une solidarité intime. Jusqu'à ce jour la civilisation européenne a grandi par leurs mutuelles initiations armées : la continuation pacifique de leur réciprocité d'action répond au monde d'une génération plus féconde de progrès.

Donc, l'alliance de l'Angleterre est bonne : la coalition de la France avec cette nation, telle surtout qu'on la présente, le serait-elle autant? Qu'il soit du moins permis d'en faire l'objet d'un doute et d'un examen; il ne résulte pas de nos traités avec elle l'obligation pour nous de la croire et de la suivre les yeux fermés.

L'Angleterre, dans la question d'Orient, n'aspire-t-elle qu'à l'honneur de défendre les principes de la liberté et les droits de la civilisation? N'y a-t-elle aucun intérêt ancien ou nouveau à protéger, à consolider? L'Inde, voilà d'abord ce qu'elle veut mettre à l'abri de toute agression. Mais ce n'est pas seulement l'esprit de conservation, c'est encore le besoin d'acquisitions qui l'anime. Lui suffirait-il de maintenir l'intégrité de ses possessions, si elle n'obtenait la libre jouissance des voies de communication avec son empire? Entre deux routes qui la mettent l'une à cinq mois, l'autre à deux mois de ses colonies, continuera-t-elle à préférer la plus longue? De son chemin accoutumé au chemin qu'elle veut se frayer, il y a la différence d'un continent, de l'Afrique. Pourrait-elle hésiter? Aujourd'hui les chemins sont la préoccupation de toutes les ambitions commerciales, petites ou grandes; résultat nécessaire du prodigieux développement de toutes les relations d'échange. Nous ne voulons plus nous parquer, comme les Chinois, derrière une muraille qui nous isole du reste de l'univers: nous demandons à nous lier par des chemins. Notre globe est connu : que nous reste-t-il à faire? à le parcourir le plus rapidement et le plus commodément possible. Vasco de Gama est immortel comme Christophe Colomb : celui-ci découvrit un monde, celui-là un passage à des mondes connus. Mais ce fameux passage est à cette heure trop long. Calcutta et Londres conspirent contre le cap de Bonne-Espérance, et se tendent les mains à travers le golfe Persique et l'Euphrate, la Mer-Rouge et le Nil : à leur rapprochement s'oppose un autre géant des tempêtes; le géant n'est plus au sud, il est au nord. Aussi est-ce contre lui que s'irrite l'Angleterre. Avec quelle indignation ne signale-t-elle pas chaque atteinte de la Russie à cette région orientale, où, comme nous le voyons, elle ne prétend rien!

Qu'on se rappelle la tentative de l'Angleterre

pour s'emparer de l'Egypte peu d'années après en avoir expulsé la France ; l'exploration qu'elle a fait faire de la Mer-Rouge, l'occupation de Socotora au devant du détroit de Babel-Mandeb, ses bateaux à vapeur dans le golfe Arabique et sur l'Euphrate, son ancienne proposition à Méhémet-Ali de construire à ses propres frais une route de Soueys à Alexandrie et d'y préposer des gardes armés de son commerce ; sa participation actuelle, en ingénieurs, matériaux et fonds (1), au chemin de fer qui doit unir ces deux points ; enfin ses luttes tracassières contre l'influence française, dont les glorieuses traditions du sultan Kebir, vivifiées par tant de services rendus chaque jour au pays, lui font une concurrente importune : alors on sera convaincu peut-être que la concupiscence anglaise sur cette portion de l'Orient n'est ni moins acharnée ni moins cauteleuse que la convoitise russe sur Constantinople et l'Asie-Mineure.

(1) Selon le *Courrier de Smyrne*, le trésor anglais, sur trois millions d'achat de matériaux, en aurait payé deux.

Aussi ne fut-ce pas sans un grand espoir qu'elle plana au-dessus du second démembrement de l'empire opéré par Méhémet-Ali : après l'exemple des bénéfices qu'avait valus à la Russie la révolution grecque, elle porta à son compte ceux de la révolution arabe à laquelle elle fut d'abord si favorable. Cependant, elle crut bientôt avoir moins à se féliciter de ce qu'elle y avait gagné, qu'à déplorer le parti qu'en avait tiré la Russie. Le traité d'Unkiar-Skelessi lui gâta la campagne de Syrie, et, pour lui en offrir la compensation, le Pacha ne se trouva point un instrument assez docile de ses vues.

Méhémet-Ali voulait être libre et de fait et de nom, et se montrait impatient de couronner l'édifice de sa grandeur par une complète indépendance. L'ombre d'un maître lui pesait, maître qu'il avait vaincu, humilié et failli détrôner (1) :

(1) On sait qu'après la victoire de Koniah, Ibrahim pouvait marcher l'arme au bras jusqu'à Constantinople, où déjà la sédition menaçait Mahmoud. Nous doutons que le respect des Turcs pour le sang de leurs maîtres eût permis à Méhémet-Ali de s'asseoir ou de faire asseoir son fils sur le trône d'Osman ; mais Ibrahim avait tiré d'un couvent de

après avoir pu régner à Stamboul, c'était bien le moins, selon lui, qu'il régnât au Caire, et pût transmettre à son fils l'héritage de son œuvre et de sa puissance. Que l'Angleterre se garda bien d'acquiescer à ce vœu d'indépendance! Ce n'était pas seulement autoriser la Russie à brusquer pareillement la question d'Orient par l'asservissement définitif du Sultan et de Constantinople, c'était surtout créer à toutes prétentions sur la Syrie et l'Eygpte un obstacle solennel, la constitution d'un empire, une dynastie. Elle amusa son candidat à la royauté, et essaya de le plier à la suzeraineté de Mahmoud et à la sienne. Le Pacha ne s'était pas affranchi d'un maître pour s'en donner un autre dont il connaissait tous les projets de vieille et fraîche date. L'Euphrate acheva de les brouiller. Dès long-temps, Méhémet-Ali avait jeté les yeux sur la ville arabe de Bagdad, comme propre à couvrir l'occupation de l'embouchure de l'Euphrate qu'il se proposait

derviches un membre de la famille impériale et sacrée qu'il menait avec lui pour en faire un sultan dans l'occasion.

d'approprier à la navigation et au commerce. Ce ne fut donc pas sans une jalouse inquiétude qu'il vit l'Angleterre entreprendre de conquérir ce fleuve à la vapeur, et il l'a bien témoigné par son peu d'empressement à la seconder. Enfin, l'Angleterre dut soupçonner qu'entre elle et le Pacha frustré dans ses espérances, secrètement menacé même dans la jouissance de ses Etats, se placerait la Russie : dès-lors elle ne vit plus en lui qu'un ennemi ligué avec son ennemie. Cette odieuse Russie, qu'elle rencontre partout en Orient, derrière le Shah de Perse, derrière le roi Othon, derrière Mahmoud, il ne lui manquait plus que de la rencontrer encore derrière Méhémet-Ali !

C'est de ce moment qu'elle a adopté la politique actuelle. Il lui faut relever la Turquie et s'en faire une arme contre les Russes et contre le Pacha; telle est sa tactique.

Il ne s'agit plus pour elle de caresser les rêves d'indépendance de Méhémet-Ali : elle proteste contre le schisme de l'empire, simule un religieux respect pour la légitimité du Sultan, se lave aux yeux de Mahmoud de toute complicité précédente dans les entreprises d'un audacieux vassal en le lui sacrifiant à cette heure ; et qui sait même si elle ne va pas jusqu'à lui faire entrevoir dans l'avenir le retour de la Grèce sous la domination paternelle de la Porte? tant elle a aujourd'hui de zèle pour la restauration de l'empire des Osmanlis dans son intégrité! Elle se souvient que c'est un jeu qui réussit : témoins dix-huit mille Russes débarqués au Bosphore sous une pareille invocation. Donc, elle rattache scrupuleusement le Pacha au Sultan, afin de régner par le Sultan sur le Pacha.

L'occasion s'est trouvée favorable contre Méhémet-Ali. La guerre et les émeutes de Syrie, les campagnes dévorantes de l'Yémen, enfin deux fléaux, la peste et le choléra, ont décimé l'armée et la population de l'Égypte. Épuisé par tant de pertes lentes à réparer, toujours obligé de surveiller sa nouvelle conquête, le Pacha ne pourrait, sans risque, rien entreprendre pour compléter son affranchissement : le vieux lion, fatigué de tant de combats, est forcé au repos. C'est donc impunément que l'Angleterre croit pouvoir lui montrer la pointe de son épieu, le saisir et le mener en laisse à son but ou l'envelopper dans ses filets. A la tête de quarante mille hommes campés en Anatolie, Reschid-Méhémet-Pacha, l'ex-grand-visir battu à Koniah, tient Ibrahim en respect : elle-même jetterait au besoin ses officiers dans les rangs des troupes ottomanes pour assurer le succès de leur campagne en Syrie et en Égypte. Le firman, qu'elle s'est fait délivrer par la Porte contre les monopoles de Méhémet-Ali, est une arme commerciale insignifiante, mais une arme politique utile à toutes ses vues. Cependant, elle sème autour du Pacha la corruption, du moins elle en est accusée ; elle fait acheter, dit-on, par un seul de ses négocians, toute la récolte prochaine de cotons, et déjà elle a pris hypothèque sur le chemin de fer de Soueys à Alexandrie. En un mot, en scellant de tout son pouvoir la chaîne qui lie Méhémet-Ali au trône de Stamboul, elle n'a rien négligé pour multiplier entre lui et elle-même des liens de toute nature. Que le Pacha soit dans la dépendance du Sultan, et le grand industriel de l'Egypte dans la sienne, voilà ce qu'elle veut !

D'ailleurs, quoique trop faible à ses yeux pour tenter aujourd'hui de remuer sous la Porte et sous elle-même, Méhémet-Ali ne lui en semble pas moins un auxiliaire utile de la grande délivrance de Mahmoud. Il lui faut enfin ou détruire ou affaiblir l'influence de la Russie sur Stamboul. Le tribut annuel que paie l'Egypte, l'escadre nombreuse et exercée, sortie des chantiers d'Alexandrie, les vétérans de Koniah, voilà des ressources qu'elle veut faire concourir avec les forces turques à repousser cette odieuse domination. Elle se rappelle que Méhémet-Ali fut bien obligé d'envoyer sa flotte, son armée et son fils en Morée pour la cause de son souverain; et, à l'occasion, elle veut tout retrouver au service de cette même cause, ou plutôt de la sienne. L'unité de l'empire ottoman, c'est la coalition des Turcs et des Arabes au profit de sa sécurité dans l'Inde et sur les routes de ses possessions. La Perse est entamée et se morcelle : que demain elle retrouve un bouclier dans l'intégrité de la puissance turque!

Viennent ensuite les événemens, quelle qu'en soit l'issue, ou elle obtiendra de la reconnaissance de la Porte une influence positive aux bords du Nil et de l'Euphrate, ou elle jettera le masque, et saura bien s'attribuer la domination tant convoitée des provinces arabes, au mépris de cette unité de l'empire, aujourd'hui si scrupuleusement invoquée! Voilà ce que se propose l'Angleterre; et ce qu'il est facile de voir, à moins qu'on ne soit frappé d'aveuglement par une ophtalmie plus incurable que celles de Syrie et d'Egypte! L'Angleterre a l'adresse, dans la question d'Orient, de toujours crier *au voleur*. Elle signale d'un geste infatigable la rapacité de la Russie, et son autre main, cachée sous le manteau, est pleine!

Nous ignorons comment cette ambition de l'Angleterre, aujourd'hui si flagrante, édifiera les écrivains qui préconisent une coalition anglo-française contre la Russie, et qui cependant prennent à cœur soit l'indépendance de Méhémet-Ali, soit le maintien du patronage de la

France sur l'Égypte. C'est pour eux, ce semble, un avertissement de ne pas plus se faire illusion sur l'égoïsme anglais que sur l'égoïsme russe (1). Il faut bien le reconnaître, ce n'est point l'amour sacré de la liberté et de la civilisation qui inspire à l'Angleterre sa politique contre la Russie, pas plus que ce ne fut la haine du despotisme et de la barbarie qui l'obligea à chasser la France du sol de l'Égypte. Pour elle, c'est tout simplement une question d'intérêts, et d'intérêts surtout anglais, en faveur desquels elle tire à vue sur notre préoccupation des principes et des droits de l'humanité.

Afin d'entraîner le gouvernement et l'opinion de la France à la remorque de sa politique, que n'a pas invoqué l'Angleterre, représentée par la majorité de ses publicistes ! La Pologne, Napoléon, la liberté, la révolution de 1830, la monarchie de Juillet, l'union des deux grands peuples,

(1) Le *National*, dans une spirituelle et vigoureuse polémique, a eu le mérite, original par le temps qui court, de faire ressortir cet égoïsme de l'Angleterre dans les affaires d'Orient.

la civilisation, et l'effroi de la sainte-alliance, de l'ambition, du despotisme, de la barbarie, des Cosaques, elle n'a rien oublié, les Cosaques surtout ! Il lui semble que la France est élevée dans la terreur du Cosaque comme jadis l'enfance des musulmans de Syrie dans la terreur de son roi Richard. Et c'est pour cette pauvre France, ce n'est point pour elle-même qu'elle tremble ! Qu'a-t-elle à craindre dans son île, dans son grand vaisseau? Mais la France, attachée au rivage, sera livrée à la fureur du monstre. De Constantinople, l'ombre de la Russie ne se projette point sur Calcutta, mais sur Paris, et il est bien évident que les troupes moscovites, échelonnées des bords de la Caspienne sur Kandahar, menacent la France d'une troisième invasion.

On ne peut se dissimuler qu'en France une notable partie de l'opinion ne dérive sous l'influence anglaise, en raison de l'impopularité de la Russie et de l'exclusivisme de certaines préoccupations napoléoniennes ou libérales.

Les héritiers de la diplomatie impériale ont toujours le frisson de Moscou, et balbutient éternellement la dernière pensée du maître contre le *barbare du Nord.* A tous les principes invoqués par le grand capitaine et justifiables par les nécessités de sa vaste mission, ils n'admettent aucun erratum : ils en sont les traditions stéréotypées. S'ils pardonnent à l'Angleterre Waterloo et Sainte-Hélène en considération de ses sympathies actuelles pour la France, il n'est pas bien sûr qu'ils ne murmurent pas souvent contre le *tyran des mers* le décret du blocus continental. Quoi qu'il en soit, c'est aujourd'hui sur la Russie qu'ils reportent les accusations de tyrannie et de machiavélisme tant de fois intentées à la *perfide Albion;* et, par une vieille habitude, c'est au sabre qu'ils en appellent comme à l'infaillible solution de toutes choses. Selon ces hommes d'une organisation héroïque, la France, seule, ne devrait point hésiter à relever sa pyramide de fer et à l'orienter aux quatre points cardinaux de l'Europe, afin que l'Europe pût lire encore sur chacune de ses faces la puissance et la gloire de la France. Toutefois, par une concession à l'esprit du temps, ils consentent à mettre de moitié l'Angleterre dans leur campagne contre la Russie. Puisqu'il ne leur a pas été donné de soustraire l'Inde au léopard britannique, qu'ils aient du moins la consolation de ravir l'Orient à l'aigle moscovite!

Quant aux libéraux purs, ils n'admettent ni à l'intérieur ni à l'extérieur aucune déviation à la rigidité de leur foi. S'allier à un gouvernement qui n'est pas au moins dans la catégorie des monarchies représentatives, c'est une trahison. Pour la plus grande gloire des doctrines, ils ne veulent entendre à aucune espèce d'accommodement avec la Russie, et ils tombent lourdement dans l'alliance de l'Angleterre. Ne leur parlez point des intérêts que la France aurait à ménager en Orient et qui exigeraient de sa part une transaction avec l'une et l'autre puissance. Avant tout les doctrines! c'est une variante de la fameuse maxime : *Périssent les colonies plutôt qu'un principe!* Et à quel titre croyez-vous que l'alliance anglaise leur soit chère? Presque uniquement en raison de la solidarité de principes; tout le reste, il leur arrive de le dédaigner, de le flétrir même sous le nom de matérialisme politique. Bien autrement que les machines à vapeur, que les chemins de fer et que les merveilleux perfectionnemens de l'industrie, les mouvemens du radicalisme et le travail de la réforme leur recommandent la Grande-Bretagne : c'est de là qu'ils attendent un stimulant à la lenteur avec laquelle la France, selon eux, tire les conséquences de la révolution de Juillet. Aussi la révolution de Juillet et la réforme anglaise, voilà les deux plateaux de la balance dans laquelle ils pèsent les destinées de l'Orient. Et en effet, pour eux, le développement de la vie extérieure du pays n'est point un sujet de passion et d'études, mais bien plutôt le développement de sa vie intérieure. Peu leur importent les traités et les œuvres de diplomatie : ce sont des institutions et des garanties qu'ils réclament. Ils s'absorbent dans le centre et sont myopes pour ce qui se passe à la circonférence. Types de l'individualité nationale, ils ont le génie de la place publique et de la résistance aux frontières ; au-delà, leur farouche civisme les empêche de se concilier avec l'étranger, et leur exagère la défiance ou la terreur. C'est pourquoi, à leurs yeux, la révolution de Juillet est toujours menacée de périr dans un grand cataclysme vomi par les cataractes du Nord, et l'ancre de salut est l'Angleterre : il n'y a point de patriotisme sans le cauchemar de la Russie et la monomanie de l'alliance britannique !

Eh bien ! puisque la coalition anglo-française est en faveur, à quoi aboutira-t-elle? sera-ce à la guerre, dont tant de trompettes donnent le signal? Mais la guerre contre la Russie renouvelle la conflagration européenne. Certes, la France a porté l'Europe entière plus l'Angleterre : l'Angleterre de moins, elle la porterait encore. Cependant, suffit-il que sa fortune soit vigoureuse et impérissable pour la charger sans nécessité? A qui profiterait surtout la guerre dont la France aurait surtout le poids? Au monopole asiatique de l'Angleterre. Allez donc, mettez le monde en feu, et la France tirera les marrons du feu pour la Grande-Bretagne! A l'occupation incontestable de l'Egypte et de la Syrie par le drapeau britannique. Vite donc une guerre, afin que la

France puisse, au prix de son sang, faire hommage de cette portion de l'Orient, toute empreinte de ses traces de gloire, à la nation qui l'y a traquée d'Aboukir à Saint-Jean d'Acre et de Saint-Jean d'Acre à Heliopolis! Il est vrai, le succès admis, que la France aurait assuré le triomphe de la civilisation et aurait ajouté à cette gloire une large part d'influence et d'avantages commerciaux en Orient. Mais tout cela, ne le peut-elle pas obtenir sans brûler seulement une amorce?

Et c'est bien aussi ce qu'on dit. A bien prendre, personne ne veut sérieusement de la guerre, pas même l'Angleterre ; l'industrie amortit incessamment tous les effets à la guerre que la politique émet sur la place. Aujourd'hui il suffit aux nations de se montrer réciproquement leurs dernières raisons en batterie : elles en passent la revue, apprécient les chances, et, ce calcul de probabilités terminé, elles s'arrangent, commençant prudemment par où il en faut toujours finir. Le duel des nations aboutit à un congrès. De quoi s'agirait-il donc pour la France, selon les idées d'une coalition ? De faire parader ses forces à côté de celles de l'Angleterre, et d'obtenir, en vertu de ce respectable front de bataille, de bonnes conditions de la Russie.

Or, quelles conditions? L'Angleterre veut la prépondérance de son influence dans les provinces arabes. L'admission de ces prétentions se concilie-t-elle avec l'exclusion des prétentions russes sur Constantinople et une portion de l'Asie-Mineure ? Non sans doute !

Quoi ! l'Angleterre et la France, dira-t-on, se seront-elles liguées pour faire cette concession à l'ambitieuse Russie? Plutôt la guerre ! En quel nom? Au nom de la civilisation ! Voyons donc enfin, il en est temps, quelle est cette Russie qu'on parle de faire passer par les verges de l'Europe ou de tenir sous le poids salutaire d'une loi d'intimidation!

AGRANDISSEMENT

DE LA RUSSIE.

Où va la Russie? — A l'Orient. — C'est sa route, laissons-la passer.

— Non! de l'Orient elle se retournerait vers l'Occident.—Pourquoi? — parce que l'Occident veut lui interdire son Orient.—Laissons-la donc suivre sa route!

— Non! après avoir pris l'un, elle prendrait l'autre. — Quoi! l'Europe est-elle une proie si facile? Napoléon n'a pu la tenir dans sa main. — Mais voyez les dimensions énormes de la Russie — et les proportions régulières de l'Occident. Si à toute force la Russie est un géant, l'Occident est un Hercule : l'un vaut l'autre. La Russie ne s'attaquera point à lui, et ne demande qu'à passer son chemin.

— Non! la Russie hait la liberté, et voudra l'étouffer dans son berceau. — La liberté en est-elle à désespérer d'elle-même et à se dire : Je ne suis qu'un nom? S'il en était ainsi, elle aurait pour elle moins de respect que la Russie même, qui craint la propagande libérale autant que nous craignons l'invasion de son despotisme. — Le volcan est éteint; plus de propagande armée! — Et dès-lors plus d'invasion. Russie et France, chacune est inexpugnable sur son terrain, et chacune le sait bien : laissons donc la Russie s'acheminer ailleurs.

— Mais la Russie, maîtresse de l'Orient, ruinerait le commerce français de la Méditerranée et le commerce anglais de l'Asie! — Nous ne voulons plus faire de propagande armée : ferons-nous maintenant, Angleterre et France, de la concurrence commerciale en grand contre la Russie, canons et mortiers en batterie? Allons-nous décréter, à son détriment et à notre profit, une nouvelle édition du blocus continental? — L'Occident a acquis en Orient des droits, des intérêts, une influence dont il ne peut faire le sacrifice à la Russie. — Donc, que la Russie et l'Occident composent : c'est aujourd'hui toute la question.

— La civilisation composer avec la barbarie! — Plutôt que de se faire une guerre stérile : ainsi le veut la civilisation. — Mais les traces des Cosaques sur le sol de la patrie — ne sont pas plus ineffaçables que celles des Anglais dont nous sommes aujourd'hui les alliés, pas plus que celles de nos armées à Moscou. Les nations devraient s'exterminer, si elles jouaient entre elles à qui n'aura pas le dernier : elles ont toujours d'autres moyens de prendre leur revanche.

— Mais la Pologne! Pour la France c'est une plaie qui saigne toujours sous la main de la Russie! — Que nos sympathies restent éternellement vouées à la race polonaise, rien n'est plus légitime : mais elle n'a pu vivre en Etat, et elle a été démembrée, c'était un destin inévitable, incorporé surtout à la Russie, et ce fut un rattachement à la famille commune, à la famille slave. L'Europe et la France n'ont rien tenté pour relever sa nationalité; elle-même, avec un incroyable héroïsme, n'a pu reconquérir les titres d'une personne politique, et n'a réussi qu'à écrire en lettres de sang sa volonté d'être un type impérissable, acquis sans retour à l'humanité, marqué d'un indélébile caractère. Il est digne de l'Europe de protester contre toutes mesures d'oppression, d'effacement, d'absorption de la race polonaise; il siérait peu à sa sagesse de la leurrer ou de se leurrer elle-même de l'espoir d'une restauration. Convient-il donc à la France de faire sans cesse intervenir entre elle et la Russie l'image désolée de la Pologne pour prévenir une conciliation aujourd'hui si nécessaire? En d'autres circonstances, la France fit mieux. Manqua-t-elle jamais de sympathie pour l'Ecosse et l'Irlande, dominées par l'ascendant, écrasées même par l'oppression de la Grande-Bretagne? Si, dans des temps de lutte, elle se fit de l'une ou de l'autre de ces contrées une arme contre son ennemie, elle n'en fit jamais un obstacle à d'utiles rapprochemens; et lorsqu'enfin tout lui prescrivit de terminer une vieille rivalité, elle ne demanda pas à l'Angleterre un compte rigoureux du régime orangiste à l'égard de la malheureuse Irlande. Elle ne persista point à se jeter entre l'opprimé et l'oppresseur avec une miséricorde à toute outrance; c'est de la prudence de l'Angleterre, c'est du fait de l'Irlande même qu'elle a espéré un adoucissement au sort de la population qui excitait sa juste pitié. Si elle eût agi autrement, elle ne bénirait point à cette heure les fruits de son heureuse alliance. Ayons pareillement plus de foi dans l'avenir de la Pologne et dans le génie politique de la Russie, puisqu'on ne veut point parler de sa magnanimité : à cette noble race est aussi réservée une condition meilleure. Mais, en vérité, dans la question qui tient les peuples en suspens et renferme les destinées de tout le vieux continent, Europe, Afrique, Asie, avons-nous à nous butter à Cracovie, à Varsovie même, et à en faire des pierres d'achoppement dans la voie d'une large pacification? Les Polonais eux-mêmes ne peuvent se dissimuler que l'intérêt de leur cause cède à celui d'une cause plus générale : tout récemment, quand une parole sévère gronda sur Varsovie, est-ce pour leur patrie que les esprits s'émurent? Dans Varsovie menacée on entrevit Stamboul, (funeste solidarité qui depuis un siècle unit le royaume de Pologne et l'empire ottoman!) et des bords de la Vistule les imaginations, plus vivement, se reportèrent aux rives du Bosphore. Ah! lorsque la guerre ne peut plus être appelée à trancher la question, et qu'un pâle et perfide *statu quo* doit s'évanouir devant une paix réelle profitable à tous, que les Polonais nous pardonnent de ne plus continuer à les lancer dans l'arène comme un gant de discorde! Qu'ils nous pardonnent de renoncer à broyer les souvenirs de leur gloire, d'une chevaleresque fraternité d'armes, et de leurs douleurs pour en faire l'amorce d'un fusil dirigé contre la Russie, mais qui n'est pas même chargé! Qu'ils nous pardonnent de ne plus faire de leur Pologne, au profit de mesquines menées d'opposition, l'apôtre de la panique russe et la quêteuse du salut de l'empire ottoman que personne ne veut franchement sauver! Qu'ils nous pardonnent enfin de ne pas la prostituer, dans les étroits calculs de notre égoïsme, à la haine de sa superbe dominatrice en la jetant inutilement en travers d'une marche irrésistible vers l'Orient! Car, nous l'avons dit : où va la Russie? A l'Orient, c'est sa route.

Oui, la Russie s'est agrandie, et tend à s'agrandir encore : aussi ne se lasse-t-on pas de la dresser en épouvantail devant la civilisation et l'indépendance de l'Europe. Ne nous lassons donc pas de dissiper cette terreur. Bien qu'un Briarée à mille bras tout prêt à nous étouffer soit la figure convenue de cette nation, voyons à quel péril si grave nous sommes exposés pour que nous ayons à la punir de nous faire trembler.

On n'a point assez remarqué par quelle heureuse coïncidence le développement de la Russie était contemporain de l'unification de l'Occident.

Les deux puissances aujourd'hui en présence tendaient à un salutaire équilibre.

A mesure qu'à l'est de notre continent l'empire d'Ivan et de Pierre grandissait en silence, les États de l'ouest constituaient chacun leur unité. Celui-là s'étendait, s'alongeait, se dispersait : ceux-ci ralliaient leurs élémens et se ramassaient. L'Angleterre s'incorporait l'Écosse et l'Irlande, travail qu'elle achève encore à cette heure, O'Connell aidant. Le Portugal détaché de l'Espagne par la maison de Bragance, l'Espagne, détachée dans le même siècle de la maison d'Autriche par Louis XIV, se posaient dans leur individualité. Même, comme expression de ce mouvement de cohésion, les métropoles laissaient échapper ou allaient perdre d'immenses colonies. L'Allemagne, sous la main puissante de Gustave-Adolphe, du grand Frédéric, des empereurs d'Autriche, se demandait compte des mutuelles affinités des ses fractions diverses, et se laissait solliciter à des groupes plus denses. La France terminait l'œuvre de son unité, dont Louis XIV fut le magnifique représentant, avant qu'à son tour le peuple vînt dire sur la place publique : l'Etat c'est moi ! unité dont Napoléon devint le prodigieux symbole, lorsqu'il incarna en lui le grand peuple et le grand monarque.

Et alors la France entreprit de faire l'Europe à son image, c'est-à-dire libre, une et indivisible. En signe de succès, un jour il n'y eut plus que deux camps en Europe, d'un còté la France, et de l'autre l'Europe. Mais si puissante était l'unité-mère de la France qu'elle résista et ne put être entamée par deux invasions ; sous les armes qu'elle avait elle-même fournies, elle saigna cruellement, debout cependant et entière. Aujourd'hui, grâce au double mouvement qu'elle imprima et provoqua, il y a, dans chacune des nations de l'Occident, une solidarité plus complète entre tous les membres de ce corps, et dans l'Occident, entre les nations qui le composent, une solidarité pareille à celle des membres d'un même corps. Chaque Etat est un individu, tous les Etats ensemble sont une société : la dictature napoléonienne a passé, et l'Occident est resté une république fédérative de nations gravitant dans un système commun.

Un fait récent ne l'a-t-il pas éclatamment témoigné?

Le camp de Kalish, on ne peut se le dissimuler, fut de la part de la Russie une démonstration hostile contre l'Europe libérale, quoique probablement calculée dans des vues purement orientales. Eh bien! en cette occasion, l'Allemagne est demeurée fidèle aux liens qui la rattachent si intimement à l'Occident. La Prusse, par l'armée représentant son peuple, l'Autriche, par la tête suprême du gouvernement, se sont refusées à seconder les intentions de la Russie. L'Allemagne tout entière a renié le pacte usé de la sainte-alliance que la Russie désirait faire ouvertement revivre par un congrès des souverains du Nord et par un simulacre de coalition de leurs forces. En ce moment, elle est entrée, non pas officiellement mais sympathiquement, dans le pacte de la quadruple-alliance, trop étroit aujourd'hui pour la comprendre, expression encore mesquine de la vie commune de tout l'Occident.

D'où vient qu'un fait si important n'est pas sérieusement estimé? D'abord, c'est que sous l'influence d'un reste de préjugés impériaux, nous tenons peu de compte de la personnalité allemande, dont Napoléon faisait litière, lorsqu'un pied à Berlin, l'autre sur la confédération du Rhin, il posait sa tète à Vienne. Et cependant la France doit s'en souvenir; quand les populations germaniques furent lasses du règne militaire de l'initiation française, elles surent noblement se revendiquer. Ce furent ces populations qui insurgèrent leurs princes contre Napoléon, dont la majesté imposait aux rois qu'il avait pu détruire et aux rois qu'il avait créés. En un instant, toutes ces populations furent un peuple, et ce peuple brisa les nœuds de terreur et de reconnaissance par lesquels ses chefs étaient enchaînés; il leur dit: Marchez! et il se délivra lui et ses princes. Que la France ait donc foi dans la patiente mais invincible énergie que le peuple de l'Allemagne emprunte au sentiment de sa dignité et de la justice! Dès-lors, avec nos préjugés napoléoniens ne devons-nous pas rejeter aussi nos préjugés libéraux qui nous empêchent de tendre avec une franche estime la main à l'Allemagne? Il nous semble qu'un peuple ne puisse être libre qu'en vertu de l'octroiement d'une Charte; là où il n'y a point de constitution écrite, nous ne voulons voir que l'esclavage. L'avare n'épouse point *sans dot*, et la France, selon le dire vulgaire, ne doit pas faire d'alliance *sans Charte*. Prenons une plus haute idée de l'Allemagne, et rendons-lui grâce de ce fait nouveau par lequel elle s'est caractérisée. Placée entre la France et la Russie, elle ne sera jamais complice d'une agression inique et violente, de quelque côté que parte l'agression. Elle siége comme un grand-juge plein de lumières et d'intégrité, résolu à ne point souffrir que l'épée, despotique ou libérale, soit jetée dans ses balances. Si la France recommençait aujourd'hui une propagande armée de libéralisme, elle aurait devant et contre elle toute l'Allemagne; mais que la Russie prétendît faire une propagande de despotisme ou d'influence dans l'Occident, l'Allemagne, pour l'Occident et pour elle-même, demanderait respect et saurait l'obtenir. Si cette mission de l'Allemagne, digne de son génie, était bien comprise, l'opinion se préoccuperait moins de la chimérique restauration de la nationalité polonaise comme d'une barrière nécessaire aux débordemens de la Russie.

Qu'importe donc que Napoléon nous ait prédit les Cosaques? Il avait tout fait pour les écarter, et pour rendre inutile le secours de son génie. En tombant, il a laissé toute l'Europe occidentale se reconnaissant pétrie du même limon et animée du même souffle : il l'avait fait communier entre ses mains. Et maintenant, à voir dans ce monde le résumé le plus complet et le plus harmonieux de tous les progrès de la civilisation, à voir tout ce qu'il puise de ressources dans une merveilleuse puissance de création qui n'appartient encore qu'à lui, peut-on ne pas croire à l'indomptable vitalité de ce centre humain et aux ménagemens qu'il commande?

Néanmoins, nous ne manquons pas de gens qui menacent notre civilisation de sinistres pronostics, tels que les Voyans en lancèrent contre toutes les Babylones de l'antiquité, répétition classique des vieilles prophéties. Dans ce drame de leur lugubre fantaisie, ils font jouer à la Russie le rôle de la barbarie, et notre société doit être décrépite, usée, caduque, afin d'être nécessairement la proie des vautours et des loups dévorans du Nord qui se convient entre eux à ce festin d'un cadavre : heureusement que ces réminiscences de collége ne peuvent plus effrayer que les enfans.

Sans doute il fut un moment où la société européenne, livrée à un travail de décomposition, reproduisait l'image des sociétés antiques, à l'heure où la barbarie accourut vers elles pour les régénérer en les tuant, ou pour s'incarner et retremper en elle l'ame d'un monde usé. Telles étaient même, à ce sujet, les préoccupations de quelques grands esprits du siècle dernier, que, voyant un corps dépérissant, ils cherchaient des yeux le bourreau qui devait l'achever, le dépouiller, l'ensevelir; et ils tournaient tristement les yeux vers la Russie. Mais ils n'avaient pas profondément sondé le cœur et les reins du moribond dont les symptômes extérieurs leur annonçaient la fin prochaine. Oui, cette vieille société devait mourir, mais non pas sous une main étrangère, et ce fut de sa propre main. Les sociétés antiques avaient besoin d'un sacrificateur : la société moderne fut à la fois le prêtre et la victime. Arrière la barbarie ! la civilisation, cette fois, se fait justice et s'exécute ; suicide sublime qu'elle souffrit avec l'enthousiasme du martyr acceptant la mort pour renaître !

C'est qu'il y avait dans cette société un esprit puissant qu'elle avait reçu du christianisme : esprit de foi en elle-même, non pas cette foi à l'éternité du pouvoir qui fit l'orgueil et la confusion de Rome, mais la foi au droit d'exister sous toutes les transformations possibles, la foi à son immortalité quand même, foi qui ressuscite : esprit de liberté, non pas cette liberté qui reposait sur l'esclavage, chancelait quand le piédestal s'ébranlait, et se trouvait sans appui quand elle était attaquée, mais la liberté qui fait de toute une nation une famille. Animée de cet esprit divin, la société moderne, touchant à sa décrépitude, osa déchirer sa vieille robe, prendre et boire la calice jusqu'à la lie, et mourir pour se rajeunir. Elle se sauva de la conquête par la révolution, et de la barbarie étrangère par cette barbarie indigène qui se dressa dans le peuple sur le sol en ruines, barbarie depuis long-temps apprivoisée, libre et disciplinable, vigoureuse et intelligente, pleine d'une vie nouvelle qui régénéra au dedans la société et en fut au dehors l'invincible sauvegarde. Dans l'antiquité, il n'y avait point de peuple, il n'y avait que l'esclavage, et quand la tête fut malade, tout périt : de nos jours, la tête malade trouva son salut dans le corps auquel elle s'était plus intimement liée : la société refleurit sur le tronc immense et vivace du peuple. De quelle sève de jeunesse et d'héroïsme la France, avec tous ses barbares dirigés par son Corse, n'inonda-t-elle pas l'Europe sans abandonner ses traditions de civilisation! En perfectionnant les arts de la guerre, elle donnait l'essor à tous ceux de la paix : elle multipliait les ateliers en même temps que les camps, organisait les succès de l'industrie avec autant de zèle que la victoire, mettait la science de moitié dans ses plans de campagne, lui proposait des problèmes à résoudre en dictant les bulletins de ses armées, portait un code dans sa giberne, et, jalouse d'étendre sur les peuples conquis le réseau de ses lois et de son administration, elle les rattachait à elle par des canaux, des ponts, et des routes qui forçaient les Alpes. S'il fallut enfin, quand elle eut atteint les limites de son œuvre, que les étrangers l'obligeassent à rentrer chez elle en l'y suivant, elle eut la gloire, dans son humiliation, de sentir que toutes les nations étaient liées à sa civilisation renouvelée et lui rendaient encore hommage en armes au milieu de ses villes. Ce fut pour se sauver de ses coups et pour la sauver d'elle-même, mais non pas pour exécuter une sentence d'extermination, que les nations l'envahirent : et de toutes la moins généreuse à l'égard de la France ne fut pas la Russie, quoiqu'elle eût traîné avec elle, muselés et bâtonnés, les derniers représentans de la barbarie européenne.

Signe du progrès désormais plus large et plus facile de l'humanité, qu'aujourd'hui ce qui est vieux, usé, caduc n'ait rien à craindre de ce qui est jeune, neuf, vigoureux! Que le passé ait en soi une vertu de transformations soudaines qui déconcerte les présages de ruine et fasse alliance avec l'avenir! Qu'en un mot tous les âges et toutes les formes de la civilisation tendent à s'assortir, à s'équilibrer, à s'harmonier! noble et juste motif pour ne point s'effrayer avec ceux qui pleurent sur notre civilisation les pleurs de Jérémie!

C'est pourquoi, il semble que l'Europe occidentale peut délibérer sans terreur, sans colère, sans injustice sur l'agrandissement de la Russie: elle est sûre d'elle-même.

La Russie domine la Perse, la Grèce, l'empire ottoman, Constantinople; et son ascendant est l'avant-coureur présumable d'une prise de possession. Nul doute que la consommation de ce fait ne soit grave; nul doute que l'Europe ne doive le modifier de façon qu'il n'en résulte point d'atteinte à ses intérêts et à sa dignité. Mais, jusqu'à ce jour, comment a-t-on traité ce fait? On l'a nié, comme de son côté peut-être la Russie l'affirmait, absolument; ce n'est pas le moyen de s'entendre. Il y a même eu, à cette occasion, d'étranges jeux d'esprit, à moins qu'on ne veuille y voir un manége de la diplomatie. Quoi qu'il en soit, nous croyons devoir constater la bizarrerie de quelques-unes de ces propositions.

On a signalé, avec une minutieuse exactitude, chacun des pas de la Russie, dans cette voie où on l'accuse de marcher, et l'on y a pris plaisir comme à une découverte qui avait trouvé en défaut la perspicacité des pères, mais n'avait pu échapper à celle des fils. On s'est récrié sur la suite de ses desseins, l'enchaînement de ses actes, la merveilleuse combinaison de sa prudence et de son audace, et qu'a-t-on conclu? Que tout cela devait n'aboutir à rien. A toute autre nation on compte l'intelligente énergie de ses efforts et la vigueur soutenue de ses tendances, comme un titre à obtenir quelque chose du résultat ambitionné; c'est, dit-on, la volonté de Dieu ou le décret du Destin, c'est justice. Quant à la Russie, elle est sans destinée, hors de toute providence; la récompense de ses œuvres est le néant. Ce but, qu'une nation entière a poursuivi comme un seul homme, au prix de tant de sacrifices; cette terre promise, vers laquelle, des siècles durant, toutes ses espérances et toutes ses traditions ont sans cesse tourné les pointes de ses lances et les narines de ses chevaux sous un irrésistible aiguillon, qu'est-ce? Un hochet dont son enfance fut amusée et qu'il n'est pas prudent de lui permettre. Voilà ce qu'on prononce intrépidement après avoir étalé toutes les pièces de conviction de son ambition continue et avoir même prouvé qu'elle s'était mise en mesure d'y atteindre.

On fait mieux; on s'applique à démontrer ingénieusement que la Russie n'a fait que ce que devait faire une nation voulant se protéger et vivre; mais attendu que cela est nécessaire à sa sûreté et à sa vie, refusé. Sans les Dardanelles, la Russie ne respire point et se meurt faute d'air; donc, hâtons-nous de lui boucher cette fenêtre. — Les Dardanelles, selon le mot de l'empereur Alexandre, sont la clef de la Russie; donc, gardons-nous de lui laisser la clef de sa maison. — La Mer-Noire est un cordon autour du cou de la Russie, et celui qui domine à Constantinople en tient entre ses mains les extrémités, lui fait grâce ou l'étrangle; donc, ôtons des mains de la Russie les deux bouts du cordon qu'elle a voulu elle-même tenir pour n'être point à la merci de l'étranger; —puis, au nom de cette logique, on embouche la trompette guerrière, et l'on fait honte du rêve de la paix perpétuelle au bon abbé de Saint-Pierre qui malheureusement pour lui ne raisonnait pas aussi bien!

Qu'est-ce après tout que cette Russie dont on a signalé l'habileté et la force aux épouvantemens de la sage et vigoureuse Europe? — Un grand scandale fortuit qui va tomber au cri de la raison publique; un colosse aux pieds d'argile ou un Achille vulnérable au talon; un Goliath que terrasserait une pierre; un fantôme formé des brouillards épais du Nord, prêt à s'évanouir aux rayons d'un soleil de batailles : c'est le style des proclamations de toutes nos campagnes contre elle. Qu'on lise les manifestes de la presse anglaise; c'est là surtout qu'abondent les forfanteries des occiseurs de géans. Cette odieuse Russie, ce Mammouth des steppes de la Tartarie qui aspire à devenir le Léviathan de la Méditerranée, il faut l'arrêter; qu'on la rejette au-delà du Dnieper, de la Mer-Noire, du Caucase, de la Caspienne! Replacée sur son ancien territoire, bien gardée au nord par la Pologne restaurée, bien gardée au sud et par l'empire ottoman relevé de toutes pièces, et par les populations de la Circassie, et par le royaume de Perse, qu'elle reste irrévocablement attachée à la glèbe primitive de son vieil empire. Clouons enfin sur son plateau de glace et sous son ciel de neige le Titan qui menace de ravir au ciel de l'Europe le feu sacré de la liberté! Rien de plus facile sans doute, et voilà que pour garder cette destinée encore toute animée de l'essor de sa croissance on ne trouve que des sentinelles usées ou à peine échappées à la barbarie, déjà vingt fois abattues sous ses coups! (1)

(1) Il est curieux sous ce rapport, et instructif sous beaucoup d'autres, de lire la brochure déjà citée de M. D. Urquhard, qui a inspiré une foule d'articles de journaux en Angleterre et même en France.

Enfin, et cette dernière contradiction résume toutes les autres, on veut, avec raison, que la Russie détourne sa face de l'Occident, et l'on ne veut pas qu'elle la tourne à l'Orient. Ni à droite, ni à gauche, ni en avant, ni en arrière; halte et fixe!

Tâchons donc de voir ou de dire les choses comme elles sont. Si vous ne voulez pas que la Russie aille à l'Orient, elle se retournera vers l'Occident; car vous n'espérez pas sa complète immobilité. Elle ira de ce côté, non que ce soit son penchant, mais afin de conquérir la liberté de suivre la voie qui la sollicite si impérieusement. N'est-ce pas ce qu'elle fit quand elle vint jusqu'à Paris demander compte à Napoléon du refus de lui laisser prendre les *clefs de sa maison?* A Dieu ne plaise que nous voulions montrer la Russie marchandant l'Orient, l'épée à la main, et l'Europe occidentale trop heureuse de lui lâcher une aussi magnifique rançon de son indépendance! Déjà nous avons pris un soin jaloux de caractériser la puissance invincible de l'Occident; d'une autre part, sans rien dissimuler de la force de la Russie, nous ne l'exagérons pas à plaisir. La Russie, comme toute fortune qui se crée, n'a point l'assiette solide de la fortune occidentale dès long-temps constituée; avec des chances de bénéfices immenses elle court de gros risques dignes de toute prudence. Enfin, n'a-t-elle pas, pour mesure de la réussite de tentatives sur l'Europe, les crises désastreuses de son règne en Pologne, et l'impopularité notoire que lui valent ses efforts obligés de répression dans ce pays? Nous ne faisons donc pas de la peur pour l'Occident une inspiratrice de conseils et une entremetteuse de traités : dans le cas extrême, qui n'appartient pas à nos propres suppositions, la peur, selon nous, devrait pareillement siéger auprès de la Russie. Pour nous, nous protestons de notre mieux contre la peur : mais nous en appelons au respect mutuel que se doivent deux mondes dans l'accomplissement de leurs destinées. Un choc les amènerait nécessairement à de réciproques concessions : ils en peuvent supprimer l'effroyable préliminaire.

D'ailleurs, depuis Napoléon, des faits se sont

produits : ce qu'il pouvait encore refuser à la Russie, aujourd'hui nous avons seulement à examiner s'il convient de le lui concéder. Ces *clefs*, qu'elle demandait par la voix d'Alexandre, elle les a prises par la main de Nicolas. Des bords de la Seine elle n'a cessé de marcher d'étape en étape, à travers des temporisations obligées, jusqu'au Bosphore. C'est donc autrement que doit être posée la question pour être dégagée de l'illusion qui ordinairement l'obscurcit. Il semble, en effet, qu'il s'agisse toujours de faire la part de la Russie, et l'on controverse, on hésite, on refuse : mais la Russie n'a pas attendu qu'on la lui fît, elle se l'est faite. Il n'y a pas lieu de délibérer si on lui votera un présent, mais si on lui laissera ce qu'elle s'est attribué ou si on le lui arrachera ; ce qui est toujours moins facile et même moins équitable. Tout fait accompli a sa moralité et devient droit à son tour, sauf les restrictions qu'il provoque.

Nous ne disons donc pas, tant s'en faut, qu'il faille abandonner l'Orient à la Russie comme un os à ronger, afin de prévenir ses hargnes contre l'Occident ; aussi peu disons-nous que l'Europe n'ait pas à la suivre sur ce terrain pour lui faire ses conditions et s'y ménager ses droits. Mais vouloir absolument interdire l'Orient à la Russie, nous croyons pouvoir l'affirmer, ce serait tenter l'impossible, toute injustice à part. Destituez, si vous le pouvez, destituez la Russie de sa suzeraineté sur Constantinople et sur une vaste portion de l'Asie : quand vous lui aurez, pour un moment, arraché sa proie, lui aurez-vous arraché du cœur l'inextinguible désir de la ressaisir? Coupées, brisées, rognées, la Russie repoussera avec une nouvelle énergie les serres dont elle étreint aujourd'hui cette portion du globe, ou elle aura cessé d'être. Aussi long-temps qu'elle sera Russie, ayant bras et tête, elle ira à l'Orient. Elle y va par une pente invincible et fatale, comme le Volga à la Caspienne, comme le Don et le Dnieper à la Mer-Noire, comme le courant de la Mer-Noire au Bosphore, comme le Nord au Midi. Elle y va par un irrésistible instinct de conservation et de vie, comme on va à l'eau et au feu. Et vous le lui interdiriez par votre excommunication politique! Encore faudrait-il lui apprendre à résigner cet héritage de puissance et de gloire que lui ont légué les efforts de tant de générations usées à le conquérir! Encore faudrait-il lui apprendre à renier son passé et à apostasier son avenir! Si vous ne le pouvez, n'essayez point de la rejeter de ce sol qu'il lui suffit d'avoir touché une fois pour ne plus vouloir y renoncer!

Voilà ce qu'il faut savoir franchement reconnaître : tout nier ou tout accorder semble d'une égale niaiserie. S'il en est ainsi, le moment de jouer cartes sur table ne peut être éloigné. Qu'y aurait-il aujourd'hui d'utile, de raisonnable, de noble dans les manœuvres et contre-manœuvres de la diplomatie? Tantôt la Russie montre les dents à l'Occident, afin de pouvoir librement marcher vers son Orient : tantôt, pour l'en distraire, l'Occident la chicane par sa face européenne. Et ces mutuelles taquineries sont entremêlées d'un échange de fanfaronnades ou d'hypocrites protestations de modération et de concorde. Que tout cela ait été prudent et profitable jusqu'à ce jour, nous le croyons : mais il est un moment où la franchise des ouvertures est la véritable habileté.

Il s'agit de composer. Toute force en mouvement sollicite une résistance. Lorsque la France se nommait liberté et ambition, l'Europe exerça à son égard un droit sacré de répression et de surveillance : ce même droit lui appartient à l'égard de la Russie qui se nomme ambition et autorité. Cependant, qu'un peuple se révolutionne ou conquière, il suffit de l'amener à transiger avec les intérêts existans qu'il est fatalement disposé à violer ou à méconnaître, que toujours du moins il effraie : à moins de dangers imminens ou de provocations violentes, la civilisation ne le met pas hors la loi. Nous voici arrivés à une conclusion un peu éloignée de ce projet qui sourit à quelques imaginations, celui d'une croisade contre la Russie, contre *le barbare du Nord!* Mais il nous semble que les gens d'esprit, qui exploitent ce texte de déclamations, ne peuvent manquer de s'apercevoir que cela devient lieu commun : il serait de bon goût de mettre fin soit aux rodomontades, soit à la propagande de la peur, et d'abandonner un thême usé, quand bien même il ne serait pas juste d'ailleurs d'apprécier les immenses services que, par son agrandissement même, la Russie a rendus à la civilisation, au nom de laquelle on l'anathématise.

Placée entre l'Europe et l'Asie, la civilisation et la barbarie, la chrétienté et l'islamisme, c'est la Russie qui s'est faite la charnière vivante des deux mondes qu'unissait la soudure brute des mers, des fleuves et des montagnes : c'est elle qui de ses fortes mains a saisi sur leurs vastes frontières toutes ces hordes errantes qui promettaient à leurs enfans nus et nourris du lait des chevaux les dépouilles des empires de la terre ; elle qui a fait avorter leurs steppes des futurs Attilas, Zinguis-Khans, Timour-Lencs, et courbé sous sa verge de fer cette effroyable lignée croissant pour la ruine ou l'effroi des sociétés ; elle qui a cerné et pris vivant ce vaste camp de la Barbarie asiatico-européenne, en même temps que d'autre mains traquaient impitoyablement la Sauvagerie dans ses tanières d'Amérique :

c'est elle enfin qui d'abord a sauvé la chrétienté du débordement de l'islamisme tartare, comme la France arrêta les empiétemens de l'islamisme arabe, et qui, dans des temps plus rapprochés, s'est chargée de terminer par un duel la lutte des deux croyances rivales!

Achevée par l'Europe, par elle fut commencée la délivrance des Hellènes. L'Europe n'avait-elle pas fait un pacte avec les usurpateurs de l'empire d'Orient et les maîtres de la Grèce? Ce fut bien : mais aussi, sans l'entremise intéressée de la Russie, l'Europe ne se fût pas pressée d'acquitter sa dette envers la mère de ses arts, qu'elle avait sacrifiée aux exigences de sa politique. Ce fut la barbare Russie qui donna le signal de cette nouvelle croisade à la civilisation, et jeta l'Europe hésitante dans les nécessités d'une intervention libératrice, à ce point même que, selon plusieurs, l'Occident ne fut que la dupe et l'instrument de la Russie!

Nous avons aujourd'hui pour les Ottomans un tendre intérêt, légitime sans doute, mais dont la rétroactivité serait un anachronisme. Qu'on se rappelle ce que fut l'empire ottoman. Enveloppé dans un fanatique dédain de l'Europe aux portes de laquelle il s'était accroupi, il pensait faire grâce à la chrétienté quand il lui accordait la paix, et justice quand il guerroyait contre elle. Plus d'une fois il menaça Vienne de l'ombre de ses queues de cheval; et si l'Autriche usait de représailles, Louis XIV envoyait une armée de cent mille hommes en Allemagne pour contrebalancer ce mouvement qui pouvait déranger l'équilibre européen. Sage mesure, et digne en réalité du Roi très-chrétien, mais conciliable avec l'intérêt de la civilisation, parce que la Russie corrigeait ces prudentes condescendances de l'Occident pour les Turcs! Combien n'eussent-ils pas été plus lents à vouloir entrer dans la civilisation européenne, sans cette main de fer qui, du Nord retombant sur leur empire comme un infatigable marteau, émoussa les pointes du croissant dont il menaçait sans cesse la chrétienté, et le réduisit à demander comme un asile le droit de cité à cette Europe, dont si longtemps il n'avait accueilli les avances qu'avec un mépris à peine déguisé, dont il rangeait presque les monarques au nombre de ses vassaux parce qu'il s'en voyait courtisé dans les vues d'une politique d'équilibre, dont il jetait, s'il se croyait offensé, les ambassadeurs aux Sept-Tours, sans leur avoir permis, aux jours de sa clémence, d'entrevoir la majesté de son sultan, dont enfin il prenait secrètement plaisir à associer les humiliations à celles de la croix qu'il avait réduite en esclavage! La réforme a changé tout cela : mais pour qu'elle éclatât, il fallait une fatale coïncidence entre les nécessités intérieures et les nécessités extérieures : de toutes la plus urgente fut la Russie. Ce fut l'arrêt de Dieu sous lequel ploya péniblement, en se redressant encore, l'inflexible orgueil du Turc.

En un mot, du jour où la Russie a pris conscience de sa force et de son unité, elle a été, avec ou sans le gré de l'Europe, le bras de la civilisation en Orient et dans l'Asie. Le travail de l'Occident était un travail sur lui-même, une révolution : celui de la Russie fut une expansion au dehors, une conquête. A chacun sa tâche!

Et, si l'on veut y regarder sans prévention, loin de se contrarier et de s'exclure, ces deux tâches tendent à se concilier : c'est une division de travail qui appelle une combinaison d'efforts. A la Russie la gloire d'avoir réuni sous sa domination ou sous son influence tant de populations diverses de races, de langues, d'habitations, pour les préparer à une régénération commune ! Immense, son œuvre est, si l'on veut, une œuvre matérielle : mais sans la laborieuse réunion de tous ces membres épars, l'esprit de la civilisation européenne n'aurait pas à cette heure un corps si vaste à pénétrer, à régénérer, à animer ! D'où vient donc qu'au nom de la civilisation, on lui refuserait l'investiture du prix de ses travaux, sauf les conditions de cette investiture? D'où vient qu'au lieu de la glorifier avec reconnaissance du ralliement si péniblement opéré de tant d'élémens divers, on en suppute avec plaisir la variété, comme un présage du déchirement de sa puissance? Quel sera l'avenir de cette prodigieuse agglomération, nous l'ignorons, et n'avons point ici à nous en occuper : mais n'en déplaise à nos voyans modernes qui aiment jouer avec les débris d'empires, en signe de la vanité des efforts humains, ou qui du moins tiendraient à appliquer aux Etats le niveau de l'égalite, il y aurait à déplorer la dispersion et la ruine de cet ensemble formé pour de meilleures destinées, au prix de tant de labeurs et d'un rare génie politique!

C'est surtout sous cet aspect qu'il convient d'envisager la Russie, quand on veut l'apprécier à sa valeur. On a affecté de la mépriser, en lui reprochant de vivre d'imitations, d'emprunts, de plagiats même; ce qui serait cependant un témoignage de la volonté de faire son éducation. Il est vrai que jusqu'à ce jour dans les arts, les sciences, l'industrie, elle n'a aucun titre d'invention : en quoi consiste sa gloire? dans une large et incessante application de toutes les découvertes européennes, soit à l'amélioration intérieure, soit à la conquête. N'a-t-elle pas fait plus encore? Elle a emprunté à l'Europe une partie des hommes éminens qui marquent dans l'histoire de ses progrès. Mais ce qui fait son originalité, c'est la conception du plan auquel elle a lié tous les étrangers qu'elle avait accueillis ou attirés ; c'est la voie dans laquelle elle les a dirigés, en les suivant quelquefois ; c'est le but qu'elle leur avait posé. La Russie, chez elle, a constamment agi avec la civilisation européenne comme le czar Pierre qui, marchant en soldat derrière le général de son choix, le poussait en maître au combat ou au triomphe. Imperturbable volonté d'être, de s'agrandir, de régner, habile et vigoureuse pratique de diplomatie ou de guerre, appropriation de toutes choses et de toutes personnes à ses desseins : voilà ce qui fait qu'elle a en propre un nom et une mission qui ont enfin percé le voile de ténèbres dont ils furent si long-temps enveloppés. Aujourd'hui l'ambition de la Russie est notoire : mais il est encore quelque chose de mystérieux dans cette puissance qui ne discute point, ne parle point, agit toujours, et, d'intervalle en intervalle, révèle par des coups d'éclat cette énergie d'une volonté roulant sans cesse et silencieusement sa pierre.

Et c'est bien cette différence du régime intérieur et des formes gouvernementales de la

Russie qui l'expose à tant d'accusations ! Osons cependant l'avouer : si par l'extension de son empire, elle a rendu d'incontestables services, elle n'est pas sans avoir bien mérité de la civilisation par la mission conservatrice à laquelle elle participa dans la grande crise moderne. L'Angleterre l'y sollicita à tout prix, l'Allemagne lui demanda protection. Le peuple de la Germanie, l'aristocratie de la Grande-Bretagne, et le Czar de la Russie se liguèrent contre les soldats, les démocrates et le César de la France. OEuvre de répression qui n'atténue en rien la gloire et la légitimité de notre grand mouvement national, qui constate seulement que nous en avions atteint la mesure, et à laquelle acquiesça la France elle-même, en abdiquant Napoléon et avec lui son autocratie démocratique et militaire en Europe ! Or, la Russie ne pouvait être appelée à ce rôle de libératrice de l'Allemagne et de contrepoids de la France révolutionnaire, rôle qu'elle imposa peut-être à son monarque, qu'en vertu même de son organisation. Ne lui soyons donc pas si rigoureux, quoique si éloignée de nos mœurs et de nos lois : chaque nation porte le système qu'elle peut porter et marche le progrès de son pas et par sa route. Aujourd'hui l'intolérance des formes politiques n'est pas plus admissible que celle des formes religieuses.

D'ailleurs la France est-elle nécessairement antipathique à aucun mode de gouvernement ; elle dont toute la vie passée s'est résumée en deux sentimens également profonds, invincibles, sacrés, le sentiment de la liberté et celui de l'ordre, qui font son existence actuelle ? Si, à une époque, elle parla de s'entourer d'une ceinture de républiques, bientôt elle se fit un diadême de royautés. Elle a passé par l'idolâtrie de l'autorité aussi bien que par le fanatisme de la liberté, et, en un moment, elle eût renversé des tribuns qui lui commandaient à genoux pour se prosterner aux pieds d'un dictateur. Aucune nation n'a mieux que la France caractérisé son besoin continu de s'équilibrer, témoin la promptitude et l'énergie de ses réactions. Aujourd'hui elle n'appartient à aucun extrême, mais, au contraire, à cette zône modérée, de laquelle elle oscille alternativement vers l'un ou l'autre pôle, et à laquelle elle revient fidèlement : elle se concilie avec l'outre-cuidante démocratie américaine aussi bien qu'avec le despotisme russe, sans vouloir accepter pour elle ni l'une ni l'autre de ces formes politiques.

Ce n'est donc pas avec la lunette rapetissante d'un libéralisme exclusif et méticuleux que la France voit le mouvement de la Russie. Aucune nation d'ailleurs ne sympathise davantage avec l'accomplissement d'une belle destinée : la France a été un grand ouvrier et peut le redevenir ; elle applaudit aux grands ouvriers comme elle. En se réservant d'être debout sur le sol de l'Orient avec sa vertu de modération et l'activité de son prosélytisme civilisateur, sans crainte et sans envie, elle dira à la Russie : A l'Orient ; c'est ta route !

INTÉGRITÉ

DE L'EMPIRE OTTOMAN.

—

Nous avons jusqu'à cet instant fait l'Orient à peu près passif devant la nécessité de concilier les prétentions actives de l'Europe : mais tant s'en faut qu'à l'exemple commun nous traitions ce monde en chose inerte à tailler ou à laisser entière au gré des exigences de la chrétienté! C'est du point de vue oriental que nous allons à présent discuter la question de paix et de guerre.

Cependant, nous regardons comme un devoir de noter d'abord l'incurie avec laquelle on s'enquiert des droits, des besoins et des vœux de l'Orient, tout en le prenant pour base de conceptions politiques. Rien n'égale le despotisme d'un pacha à l'égard de son mameluck que l'autocratie avec laquelle nos publicistes décident du sort de l'Orient sans le consulter et l'entendre. Que l'empire ottoman soit partagé, que l'empire ottoman reste entier, dans l'un et l'autre cas, ils ne procèdent que d'après les inspirations d'un pur européanisme. Peu leur importent les impérieuses réclamations des races, des langues, des localités, des vocations diverses : populations et terres, l'Orient est un sol nivelé sur lequel ils n'ont plus qu'à poser leurs systèmes bâtis en l'air. Essayez-vous de leur en démontrer la fragilité, en leur faisant voir l'Orient autre qu'ils ne l'avaient imaginé? peine perdue! *Leur siége est fait.*

L'intégrité de l'empire ottoman, tel est à cette heure le système en honneur, et c'est à la maintenir que doit s'appliquer l'Europe. Quant à la possibilité de maintenir cette intégrité, on ne doit ni l'examiner, ni en douter : tant elle importe à notre tranquillité !

Chose remarquable ! le même trouble, dont l'Europe fut saisie lors de l'établissement de l'empire ottoman, se renouvelle à cet instant de sa dissolution. L'Occident n'avait rien fait pour en prévenir l'installation sur les ruines du vieil empire d'Orient ; et, le fait accompli, il se demanda comment s'était consommée cette déplorable usurpation de l'islamisme sur la chrétienté, de l'Asie sur l'Europe, de la barbarie sur la civilisation. Ce fut un concert de lamentations et de colères au sujet de cet opprobre, de cette calamité, de ce bouleversement. Or, voici que, devant cet empire qui s'écroule, l'Europe va répétant les mêmes cris de détresse, de terreur, d'incertitude, et se demandant comment il est déchu de sa domination et de sa gloire. Aujourd'hui comme alors tout semble désespéré.

Il y a sans doute une solennité grave dans la fin et le commencement de toutes choses. Individus et empires, des destinées qui surgissent ou déclinent, s'apprêtent à remplir une place ou à laisser un vide, nous courbent sous le poids d'un mystère, celui de l'avenir. Toujours, devant un berceau ou une tombe, toujours l'humanité se sentira d'abord interdite dans sa prévoyance et empêchée dans sa force : elle ignore et elle ne peut. Ce qui vient, ce qui s'en va, comment l'arrêter, comment le retenir? Et souvent ce qu'elle n'a pas appelé, lui dit : Salut; ce qu'elle n'a pas congédié lui dit : Adieu. La naissance et la mort ne sont que deux momens de la vie : mais, dans chacun de ces momens, l'existence qui point ou qui part envahit tout de sa lumière ou de son ombre. Le monde ne répond qu'avec émotion à la nécessité de donner un nom à un avènement ou à une abdication, d'administrer les deux grands sacremens du baptême et de l'extrême-onction.

Toutefois, ne pouvons-nous nous éclairer des leçons du passé et prendre foi dans notre pouvoir de modifier favorablement ce qui nous apparaît sous de sinistres auspices? L'Occident n'avait vu dans l'empire ottoman qu'une violente perturbation et une source de malheurs : et n'est-ce point de ce fait même que son intelligence et son activité ont dégagé un élément de concorde, d'harmonie, d'équilibre? Avons-nous aujourd'hui moins de sagesse et de force pour douter de nous et nous effrayer de l'avenir en présence de cet empire qui s'efface?

Oui, cet empire était lié à l'édifice politique moderne, si bien qu'à la vue de ses débris immenses nous concevons l'Europe émue et se disant : « Ce qui fut se peut-il recommencer? Ce » qui est durera-t-il? Que vais-je faire, mon » Dieu, de cette masse énorme qui s'affaisse, se » rompt et s'émiette en ruines? Sans elle que » vais-je devenir? Comment la raffermir et y » rattacher tous ces blocs qui sont tombés ou » tombent encore, et si, à chaque pierre qui s'en » détache, une pierre de ma propre maison s'é- » branle, comment me résoudre à laisser se » changer en un amas informe de décombres ce » caravansérail naguère si glorieux et si vaste? » Dois-je prêter l'oreille à tous ces architectes, » à ces maçons peut-être, qui se vantent de la

» restaurer, de le recrépir, de le badigeonner à
» neuf, et pour ce replâtrage me demandent mon
» or et le sang de mes fils? Triste nécessité! Il y
» a quarante ans, au bout de l'Occident, un
» foyer s'alluma qui embrasa le monde : aujour-
» d'hui est-ce de l'Orient que s'élancera la flamme
» d'un autre incendie! La paix m'avait été ren-
» due, et déjà la guerre! Cependant, si je ne me
» hâte, n'est-il pas un autre architecte qui dès long-
» temps a préludé, par la mine et la sape, à bâtir
» ici sa tyrannie et mon oppression, sa puissance
» et ma servitude? Me faut-il lui arracher ou lui
» abandonner ce qui reste? Ah! pourquoi, pour-
» quoi ce qui fut n'a-t-il pas paisiblement duré? »

Ce langage, nous le concevons : mais, en vérité, quoi que l'empire ottoman ait fait pour sa propre ruine, si de son intégrité dépendait le salut de l'Europe, de quelle imprudence héréditaire l'Europe ne serait-elle pas coupable envers elle-même? A-t-elle fait pour en prévenir la décadence plus que pour en prévenir l'élévation? Malgré les nécessités de l'équilibre, l'a-t-elle scrupuleusement épargné? Quelle puissance n'y a point fait sa brèche ou sa plaie? Si les nations de la chrétienté étaient appelées à jurer sur le cadavre de l'empire ottoman qu'elles n'ont point trempé dans sa mort, qui d'entre elles oserait jurer? et maintenant nous pleurons sur la victime, et nous lui cherchons un reste de vie, ne voulant pas l'avoir tué ou voulant qu'il ressuscite!

Et nous nous levons tous contre un seul, et nous disons : Celui-ci est le meurtrier! Pour avoir le droit de le maudire, nous nous accusons nous-mêmes. Avons-nous failli depuis quelque temps à souffleter notre imprévoyance de vigoureuses récriminations contre les événemens qui ont tendu à cette ruine? Nous demandons compte au dix-huitième siècle de son stupide aveuglement ou de sa lâche inertie pendant que la Russie marchait à grands pas vers sa conquête : Voltaire est tenu de faire amende honorable d'avoir dédié l'Empire ottoman à Catherine II; c'est envers Mahomet qu'il est impie. Qu'est-ce à nos yeux aujourd'hui que l'expédition d'Egypte qui ébranla la région méridionale des possessions turques? Un caprice de grand homme, une sublime étourderie qui nous a jetés dans la complicité de la puissance moscovite. N'en sommes-nous pas venus à déplorer la révolution grecque et à gémir sur la victoire de Navarin comme sur un désastre? Tout cet enthousiasme du philhellénisme, dont tressaillirent nos aînes, s'inspirèrent nos poëtes, et s'électrisèrent enfin nos gouvernemens, ce n'est plus qu'un fanatisme niais exploité par l'hypocrite habileté de la Russie : et ces Grecs, dont nous nous plaisions à voir revivre le génie et le courage, sont déshérités de nos sympathies, depuis que leurs fers brisés ont servi à frapper les Ottomans. Tant s'en faut que nous applaudissions encore aux Arabes victorieux à Koniah et s'affranchissant avec Méhémet-Ali du joug de la Porte, en laissant derrière eux les débris de l'oppression des Mamelucks : tant s'en faut que nous soyons fiers pour nous des progrès de leur émancipation si héroïquement commencée par nos armes! Nous avons maudit l'arbre, nous en maudissons les fruits. Et, pour terminer cette litanie de nos repentirs, déjà nous nous lamentons d'avoir enlevé Alger aux Turcs : ce dernier acte du roi très-chrétien contre l'insolente tyrannie de l'Islamisme, acte à la fois juste, noble, hardi, n'est plus que l'acte inique et mesquin de la branche aînée des Bourbons qui voulait vaincre à Alger l'opposition de Paris et étouffer sous les palmes d'Afrique nos libertés françaises ! Long-temps les Turcs se demandèrent avec stupéfaction comment Alger avait pu être pris par les Francs, et à notre tour nous nous demandons pourquoi les Francs ont pris Alger. Enfin, dans notre embarras de trouver un dénouement satisfaisant à cette longue suite de scènes, nous prenons le parti de tout siffler, pièce et acteurs. Il nous est commode de mettre notre impuissance pour l'avenir à couvert sous nos regrets du passé, et piquant de nous convaincre nous-mêmes de folie : nous faisons du remords avec toute la verve du paradoxe. Quoi qu'il en soit de la sincérité et de l'affectation de nos plaintes, toujours est-il que nous avons perdu le sens de tous ces grands événemens au point de n'y voir qu'un ricochet de catastrophes :

nous ne blasphémons pas, cela est de mauvais goût, mais nous boudons la Providence, dont nous nous refusons à découvrir la main dans nos œuvres, comme si elle n'eût rien fait autre chose que se mystifier et nous mystifier avec elle ; ou, pour réparer ce que nous appelons sans façon nos sottises, nous lui demandons un miracle, la résurrection d'un empire, enfans que nous sommes de prétendre toujours recommencer ce qui a été, au lieu de vouloir, de chercher, de faire ce qui doit être ! A bien prendre, nous sommes les voltigeurs de l'ancien empire ottoman, et plus nous nous piquons d'être des hommes du mouvement en Europe, plus nous sommes en Orient les hommes de l'immobilité.

Souvent le fatalisme oriental s'incline et s'asseoit en silence sous le fait qui l'écrase, comme sous la main de Dieu même : souvent la liberté occidentale met Dieu en cause dans le fait dont elle est opprimée : ce sont là deux excès. Se résigner à tout ou tout renier n'appartient point à la sagesse agissante.

L'empire ottoman tombe et nous fait faute :

nous voulons le relever. Voyons d'abord s'il pouvait ne pas tomber ; ce sera voir en même temps s'il peut être restauré.

Interrogeons les élémens dont il était composé. Appel des nations — Turc — Grec — Slave — Juif — Arménien — Caucasien — Kourde — Arabe. Appel des religions — Islamisme (nous ne parlons que des quatre rits sunnites professés avec une égale tolérance) — Christianisme, divisé en catholicisme, protestantisme grec, nestorianisme — Judaïsme. Tel fut cet empire, pêle-mêle de races diverses de croyances, d'origines, de langues, et nous aurions voulu que tout cela tînt à jamais ensemble sous la loi d'une cohésion progressive? Sans rien nier de l'adresse du gouvernement de la Porte, il faut reconnaître que la première condition du maintien de cet ensemble était la force, et cette force pouvait-elle ne pas défaillir? La ruine est venue du dehors et du dedans. Parmi les élémens hétérogènes qu'il renfermait dans son sein, les uns devaient ouvrir les portes à l'étranger, les autres devaient se revendiquer pour leur propre compte, du moment surtout où la race conquérante, à l'état de garnison au milieu d'eux, se mutilerait de ses propres mains. Voilà en peu de mots l'explication de cette décadence inévitable. Ce n'était pas sans un sûr instinct de conservation que l'empire ottoman se tenait immobile et isolé : il craignait d'imprimer un ébranlement funeste aux populations que lui rattachait le lien précaire de l'inféodation de la victoire, et il se défiait du contact de l'Europe, même désarmée. Mais qu'arriva-t-il? Fièrement rebelle aux initiations de la civilisation étrangère, il resta stationnaire dans ses arts, ses sciences, son industrie; il ne put dès-lors perfectionner son système de guerre, ni accroître ses ressources, et le jour vint où il porta la peine de cette attitude qu'il avait crue nécessaire à son salut. En face du destin de l'empire ottoman, si nettement écrit dans sa constitution même, il semble que l'Europe peut à la fois modérer ses remords ou ses étonnemens du passé et prendre conseil pour l'avenir.

Si l'empire des Osmanlis eût été une nationalité compacte et homogène, il eût vécu, et ne serait pas tombé, depuis un siècle, morceaux par morceaux : mais parce qu'il n'est point tel, quand nous pourrions à cette heure le relever de toutes pièces, sous l'empire des mêmes causes qui ont amené sa dissolution, il se dissoudrait une seconde fois. C'est cette incohérence d'élémens qu'ignorent, dissimulent ou négligent les partisans de l'intégrité : s'ils en conviennent, ils ne peuvent plus en appeler qu'à la force, seul ciment de ces matériaux hétérogènes, soit qu'ils se fassent illusion sur ce qui en reste aux Ottomans, soit qu'ils somment l'Europe de prêter de la sienne à la race conquérante affaiblie.

Cependant, n'y a-t-il pas un signe du peu de confiance qu'inspira généralement la restauration de cet empire dans la multiplicité des systèmes proposés pour le sauver des mains de la Russie? Nous ne mentionnons que pour mémoire le rêve d'un éparpillement de l'empire en une foule de petits Etats, que se seraient adjugés à l'amiable ou aux enchères toutes les puissances de l'Europe : les projets de *la bande noire* de l'Orient n'ont pas fait fortune. Mais voici quelques vues qui ont trouvé plus de faveur.

Les uns ont parlé d'une proclamation d'indépendance de toutes les provinces slaves qui composent la Turquie d'Europe, et de leur réunion en un Etat qui servirait de barrière aux empiètemens russes. Comme si on improvisait un Etat à volonté, surtout lorsque deux puissances voisines sont fortement intéressées à y mettre obstacle, la Russie, qui d'ailleurs a dans ces provinces l'influence d'une race commune, d'une langue collatérale, et d'un patronage avoué, l'Autriche qui craindrait de voir ce nouveau centre, s'il existait, attirer les populations slaves de son empire!

Les autres ont soudain animé l'Autriche elle-même d'une ambition active : ils l'ont représentée, sans inquiétude de ce qu'elle laisserait derrière elle, se précipitant avec l'impétuosité de son Danube jusqu'aux embouchures du fleuve, prenant possession d'une bonne partie du littoral occidental de la Mer-Noire et la liant par des acquisitions déjà faites au littoral oriental de l'Adriatique, mettant enfin le sceptre du saint empire, fortifié par la réunion de ces provinces turco-slaves, en travers du chemin de la Russie. Bien entendu que dans une telle éventualité, la Russie n'aurait pas beau jeu pour s'emparer de Constantinople et faire main basse sur l'Asie-Mineure!

Ceux-ci ont imaginé le ressuscitement de l'empire d'Orient et la réinstallation de la race grecque sur le trône de Constantinople : ingénieux expédient qui n'exige que deux peines, d'abord de superposer les Grecs aux Osmanlis, puis d'empêcher les Russes de se superposer aux Grecs ; mieux vaut à coup sûr laisser les Osmanlis en place.

Enfin, ceux-là ont d'éternels regrets que Méhémet-Ali n'ait pas poussé de Koniah à Stamboul, détrôné le sultan, et opposé dans sa personne un redoutable adversaire à la Russie. Comme s'il suffisait du génie d'un homme pour conjurer en un moment et la fatalité séculaire qui pèse extérieurement sur un empire et le vice radical de sa constitution intérieure! comme si la destinée de

Stamboul n'eût pas nécessairement ployé la destinée de Méhémet-Ali! comme si le Pacha pouvait usurper autre chose dans l'héritage du Sultan que le vasselage du Czar! Comme s'il appartenait même à un grand homme de dépayser brusquement dans une mission nouvelle sa vie longuement acclimatée à une autre tâche!

En un mot, que signifie cette multitude de plans? Qu'on a désespéré du salut de l'empire, et que, dans l'embarras d'une liquidation énorme, on a cherché de toutes parts des héritiers à la puissance ottomane, afin d'empêcher la succession de tomber *en de méchantes mains*.

Aujourd'hui l'on semble avoir abandonné tous ces systèmes pour prêcher uniquement l'intégrité de l'empire. Nous pouvons espérer, de la réforme des prodiges, du Sultan une ferme résolution à défendre son indépendance et une admirable activité dans tous les préparatifs de la résistance, des Ottomans enfin un énergique élan de nationalité. En un mot, une seconde édition de l'empire ottoman nous promet une seconde édition du pacte de l'équilibre.

Passons donc en revue ce qu'on appelle l'empire ottoman.

Continuerons-nous à comprendre sous ce nom et sous la domination de la Porte les provinces arabes que l'expédition française et Méhémet-Ali en ont détachées? Vainement espérerait-on renouer un lien si énergiquement relâché. A part les intérêts mêmes de la politique européenne, l'avenir de ces provinces, quelles qu'en soient les conditions, ne peut être qu'une prise de possession plus complète de cette vie propre dont elles ont tous les élémens. Nous en appelons à la situation de la Syrie, de l'Arabie et de l'Egypte : nous en appelons encore à l'originalité de la race qui habite cette région, la race arabe. Il est, nous le savons, d'usage pour quelques publicistes de ne voir dans l'Orient que des Orientaux, dans l'Islamisme que des Musulmans, et de confondre, avec affectation peut-être, Turcs et Arabes en une population mixte et bâtarde : c'est ainsi que du moins ils donnent pour appui à leur thèse de l'intégrité de l'empire ottoman, l'apparence de l'homogénéité de population. Certes l'assertion est étrange pour qui sait avec quelle jalousie les races de l'Orient se sont jusqu'à présent tenues séparées les unes des autres, et gardent une diversité de types merveilleusement tranchés. Encore aujourd'hui, entre Turcs et Arabes, les différences de traits et de caractères aussi bien que d'idiômes mettent tout d'abord en relief et en saillie la différence des rôles historiques qui leur ont appartenu. Si peu absorbés ont été les Arabes, que, d'après les chiffres d'observateurs exacts (1), l'Egypte seule en renferme plus de deux millions, tout-à-fait distincts des Coptes, des Grecs, des Turcs, etc. : restent encore la Syrie et l'Arabie. Il est vrai qu'à cette heure la puissance magique de ce génie, qui bâtit et parfuma de poésie Damas, Grenade, Bagdad et le Caire, semble n'être plus qu'une fable des *Mille et une Nuits*. Mais si les Arabes, au milieu de leurs discordes et sous le régime ottoman, ont perdu le secret de ces arts dont ils enchantèrent les jours de leur liberté

(1) MM. de Cadalvène et de Breuvery, dans leur ouvrage déjà cité, *Égypte et Turquie*, comptent un million huit cent mille fellahs ou Arabes cultivateurs, et deux cent six mille Arabes bédouins.

et de leur gloire, ils le retrouveront dans ce génie qu'ils ont fidèlement hérité de leurs pères. Que sont les Grecs de notre époque et que ne peuvent-ils pas redevenir? Il suffit de constater dans une nation la perpétuité de son aptitude à la civilisation pour n'hésiter pas à prophétiser son indépendance, lorsque toutes les conditions locales assurent à cette indépendance une base solide : et qui nierait l'un ou l'autre quand il s'agit des Arabes? Ne serait-il donc pas étrange que nous prétendissions à toute force, en dépit de la diversité de destinées qui séparent les Arabes des Turcs, rattacher ces provinces à l'autorité de la Porte, pour la plus grande édification de nos combinaisons politiques du moment? Quelques personnes paraissent n'avoir vu dans l'insurrection de Méhémet-Ali que la rébellion d'un pacha turc contre le Sultan, et rien n'est plus simple alors que de rétablir l'ordre en rattachant le Pacha au Sultan. Aussi écrivent-elles gravement que l'Orient périra peut-être parce qu'il a eu deux grands hommes, et qu'il eût été sauvé s'il n'en avait eu qu'un. Mais qu'elles regardent autour de

Méhémet-Ali, elles verront la population arabe dont l'émancipation est solidaire de sa révolte. Le temps était arrivé où cette race opprimée devait se trouver une tête pour se dresser en face de la race conquérante, s'affranchir d'une association forcée, et se régénérer : les Arabes et Méhémet-Ali n'avaient pas pris conseil des équilibristes.

Or, les provinces arabes retranchées, restent la Turquie d'Europe et la Turquie d'Asie.

Rien n'est turc que le nom dans la Turquie d'Europe : la population conquérante n'y dépasse point quatre ou cinq cent mille ames dont la moitié peut-être habite Constantinople. Tout le reste est grec, mais surtout slave, sous les dénominations d'Albanais, Bosniaques, Illyriens, Croates, Serviens, Bulgares, Moldaves, Valaques. Nous ne rappellerons pas que la Servie, la Moldavie et la Valaquie sont indépendantes sous la protection de la Russie : qu'il nous suffise d'ajouter que cette diversité de populations généralement chrétiennes fait de cette province pour la Porte une hydre de révoltes.

A quoi donc se réduit, dans cette série de décompositions, l'empire ottoman? A la Turquie d'Asie. Ici le nom n'est plus une fiction. La population ottomane excède les autres populations grecque, arménienne, juive, kourde : on l'évalue à quatre ou cinq millions au plus. Voilà le noyau primitif de la conquête, voilà l'élément turc vrai, pur, sincère.

Eh bien ! à défaut du nombre, quels sont les titres de la race ottomane à régner en Orient? Est-ce la force? Les jours de la conquête sont évanouis : les institutions, qu'elle fonda pour perpétuer son empire, sont tombées sous les sultans eux-mêmes qu'elles opprimaient et qui en ont fait une jalouse justice ; en même temps les chaînes des populations asservies ont été brisées. Tout prestige de puissance et de gloire s'est dissipé. Les vaincus regardent les vainqueurs en face, et les esclaves se racontent l'histoire des humiliations de leurs maîtres dont en rêve ils se partagent les dépouilles : ils savent aujourd'hui comment des Turcs peuvent être battus par des Grecs, battus par des Arabes, battus par les Européens. La force? mais n'est-ce pas ce que l'on mendie pour eux? Réparons, nous dit-on, leur cimeterre ébréché : cimeterre ébréché et bras affaibli, tristes présages du retour de la domination ! que le vieux colosse marche toujours fièrement dans ses vastes domaines, nous dit-on encore, et l'on nous demande pour lui des béquilles ! C'en est fait : la race conquérante est cernée de tous côtés par les populations vaincues, en mouvement paisible ou violent d'émancipation. Pour les rallier de nouveau sous son joug, invoquera-t-elle les souvenirs d'une administration qui a produit, dans des régions magnifiques, la dépopulation et la misère, et fait, pour ainsi dire, croître la famine sur l'épi de blé? Quelles que puissent être, en projet du moins, les améliorations de la Porte, pour faire accepter ses bienfaits, il lui faudrait d'abord consolider son autorité, effacer ses hontes, et témoigner de cette force, qui est aussi une sanction du pouvoir. En un mot, si elle veut restaurer son empire, il le lui faut reconquérir, et ce n'est plus seulement sur les populations de l'Orient, mais sur la Russie qui lui en dispute la suzeraineté ! Donc, au gros de la nation de s'ébranler et de se remettre en campagne! Que la Turquie fasse encore une fois flotter l'étendard du Prophète, brise tous les traités où son humiliation est écrite, et relève aussi haut que jamais le trône d'Osman! La Turquie, pressée entre les populations gréco-slaves de l'Europe, les populations arabes de l'Asie, et la Russie, qui descend jusqu'à elle, à droite par les contrées du Caucase, les provinces septentrionales de la Perse, une portion même de l'Anatolie, à gauche par les principautés slaves enlevées à son patronage, au centre par la Mer-Noire qui va fouiller jusqu'à son cœur et ses entrailles! La Turquie, où tout s'est affaibli quand tout s'est fortifié dans sa rivale, dominée par l'ascendant fatal de sa position, le Nord descend au Midi, le Midi ne remonte pas au Nord, gagnée par elle de vitesse dans la carrière de la civilisation où le czar Pierre précède d'un siècle le sultan Mahmoud, réduite enfin à se jeter dans les bras de sa victorieuse ennemie! Et pour soulever une seconde fois le flot stagnant de la conquête antique et lui faire combler l'abîme qui déjà sépare de la fortune d'hier la fortune du jour, où sont donc, en Turquie, l'ardeur de bataille que tant de défaites ont glacée, la foi dans les destinées nationales, l'ambition du pouvoir, dont l'héroïque résistance de la campagne d'Andrinople fut le sublime adieu, le fanatisme d'une croyance adoucie par la réforme même, toujours vivace, mais n'aspirant plus qu'à se conserver? Suffit-il cependant de se conserver et de résister quand la puissance est le prix de la victoire? Il faut marcher et vaincre. Rendons, nous dit-on, rendons la vie à l'empire ottoman! comme si la politique avait des recettes pour faire revivre les empires! comme si le génie de la domination, fait de force, d'habileté, d'enthousiasme, ce génie qui, à certains momens, est la vie de tout un peuple, s'éveillait à commandement! comme si un mot d'ordre de la diplomatie européenne allait remettre toute une nation au pas de la victoire ou dans l'attitude de la puisssance! Tel est néanmoins le langage de nos hommes positifs qui débutent par mettre de côté les faits, les chiffres, la réalité, et terminent par une évocation mystique du génie endormi d'une race en lui redemandant toujours un passé qui ne peut plus être !

Et quand l'Europe, au prix de son sang et de son or, donnerait une prime d'encouragement à l'indépendance des Ottomans, que pourrait-elle ? On a paru compter sur l'efficacité d'une démonstration anglo-française aux Dardanelles ou même à Constantinople. Sans un succès d'emblée, Stamboul et le Sultan retombent plus bas que jamais aux pieds de la Russie. Admettons le succès ; admettons que le Sultan, aujourd'hui maître absolu, convoque aux armes sa nation que rendraient docile à sa voix un reste d'ardeur guerrière, la haine du Moscovite et la certitude de l'appui de l'Europe. Admettons une levée en masse de boucliers contre la Russie, sous les étendards de la croix et du croissant. Nous laissons à imaginer de quelle lutte acharnée l'Orient serait le théâtre, et nous ne cherchons pas même à indiquer les secousses que risquerait d'occasioner en Occident ce renouvellement de la guerre ! Mais quel en serait le résultat ? que le Sultan deviendrait le vassal de l'Europe victorieuse au lieu de rester le vassal du Czar.

Bien ! et après? l'Europe resterait-elle en armes sur la terre d'Orient ? La paix se dépayse, non la guerre. Donc, après avoir tendu la main aux Ottomans, l'Europe retournerait à ses affaires, et la Russie reprendrait le train des siennes. Son affaire de tous les jours, c'est sa domination et son influence en Orient. L'empire ottoman, après avoir reçu de l'Occident un secours passager, se retrouverait une seconde fois épuisé d'hommes et de ressources, en présence de son terrible adversaire, non pas d'une armée, mais d'une nation tout entière, toujours présente, toujours occupée de lui, irritée par la vengeance, et résolue à se satisfaire à tout prix ! Si la guerre ne peut changer la constitution de l'empire ottoman et sa situation géographique, la guerre ne peut rien contre les projets de la Russie.

L'Angleterre elle-même, qui nous enrôle sous la bannière de l'intégrité de l'empire ottoman, serait-elle maîtresse de poursuivre le succès de cette campagne contre la Russie? Non ! même après une victoire, elle lâcherait pied en Anatolie pour prendre position en Syrie et en Egypte.

C'est de l'Inde que lui vient le vent de sa haine contre les Russes et de so. amour pour les Turcs : et c'est l'Inde cependant qui la solliciterait impérieusement à redescendre vers les grandes communications méridionales avec la Méditerranée. Stamboul et les Ottomans se retrouveraient encore sous l'influence ressaisissante de la Russie !

Enfin, quoiqu'il nous semble facile, dans notre ardeur pour la gloire et la puissance des Ottomans, de les convertir à nos vues, c'est en eux-mêmes que se rencontrerait le premier obstacle : nous ne faisons qu'ajouter à nos illusions en supposant de leur part autant de complaisance à notre entraînement et à nos erreurs. Mieux que nous, les Ottomans connaissent leur histoire, leur position, leurs ressources, et moins facilement ils s'abusent sur les chances d'une rupture ouverte avec leur vieille ennemie, leur récente protectrice. Certes, s'ils ne devaient consulter que les ressentimens de leur orgueil humilié, leur peu d'affection pour la suzeraineté moscovite et leur courage, à un signe ils se lèveraient : mais ils consultent pareillement leurs forces.

Attendre d'eux une chevaleresque échauffourée pour la cause de l'indépendance nationale, c'est les méconnaître : ils ne sont pas gens à coups de tête. Le génie turc est éminemment judicieux. Le pour et le contre calculé, dès qu'ils pensent l'inaction plus sage, ils ne bougent pas et laissent dire. Peut-être serait-il possible, si les Janissaires existaient encore, de compter sur un mouvement populaire qui forcerait la prudence du Sultan : mais aujourd'hui c'est d'en haut seulement que peut partir la résolution de combattre. Et croyons-nous bonnement le sultan Mahmoud disposé à jouer son vatout, même en ayant l'Europe pour partenaire, lorsqu'il lui est aisé d'entrevoir au bout de tous ses efforts l'avenir qu'il se prépare ? Si déplaisante que lui soit la protection du Czar, il n'ira pas légèrement compromettre ce qui lui reste de liberté et de puissance, et le sacrifier au désir que nous échauffons en lui de reconquérir ce qui lui est échappé. Pour lui et pour ses sujets, il y a, dans leur situation présente, un jugement de Dieu : ils n'en appelleront pas témérairement aux armes qui ont déjà prononcé. Néanmoins, tout ce que des efforts habiles et patiens pourront leur ménager de conditions plus douces, ils travailleront à l'obtenir, luttant avec persévérance, mais sans fougue et sans éclat. Nul doute qu'ils ne répondent à nos avances avec joie et même avec les démonstrations d'une apparente complicité, en cherchant autant que possible à exploiter pour leurs avantages propres notre terreur de la Russie : par exemple, volontiers ils consentiront à ce que nous fassions pour eux les frais du réméré de Silistria. Mais jamais ils ne s'engageront dans des mesures dont ils auraient apprécié les risques, et, après avoir entretenu et amusé notre zèle pour leur cause, ils sauront le modérer à propos dans l'intérêt de leur sécurité. Ils comprennent nettement qu'en aucun cas la politique européenne ne peut les immoler à leur protectrice, et qu'elle doit toujours les aider à alléger le joug auquel ils sont condamnés : pourquoi donc iraient-ils, assurés de trouver à chaque instant l'Europe entre eux et la Russie, changer cette position avantageuse contre une position pleine d'aventures en s'interposant entre la Russie et l'Europe? On a dit que Mahmoud était russe, et l'on a voulu qu'il devînt anglo-français : il n'est, n'a été et ne sera ni l'un ni l'autre, il est turc; c'est-à-dire qu'il ne s'abandonnera jamais complètement à l'une ou à l'autre inspiration. L'Europe joue son jeu, les Ottomans jouent le leur. En ce moment, leur jeu est de ne rien hasarder, de ne point se brouiller avec la Russie trop adroite d'ailleurs pour leur en fournir sans nécessité un prétexte manifeste, et d'attendre des jours meilleurs de leur vertu de résistance et de notre intervention : ils se soucieront peu de combattre contre leur puissante suzeraine aux avant-postes de l'Europe, si flatteur que nous leur représentions le rôle de sentinelle active de la civilisation, qui, il y a dix années à peine, les mettait impitoyablement hors la loi commune!

Sans doute il paraît s'opérer à cette heure une sorte de revirement dans la fortune de l'Orient. Le soleil de Mahmoud, si long-temps voilé, est moins terne ; l'étoile toujours brillante de Méhémet-Ali est plus pâle. Le Pacha, affaibli par ses victoires même et par les nécessités de toutes ses entreprises, a été cruellement frappé dans ses populations par deux fléaux que ne conjure pas le génie. Affranchi de toutes ces fatalités, le Sultan a senti plus énergiquement le besoin de faire face aux difficultés de sa position : après avoir failli tomber entre les mains de son vassal ou de son alliée, il a été sollicité par ces rudes leçons et par les avis intéressés de l'Europe à prendre du moins de ces mesures qui donnent à un Etat un maintien respectable ; l'organisation des milices nationales en est la plus importante peut-être. Un revirement correspondant semble s'être pareillement opéré dans le règne des influences européennes : l'influence russe a l'air de s'effacer dans l'empire ottoman auprès de l'influence anglaise. C'est sur ces deux faits que se sont échafaudés tant de projets et d'espérances. Cependant, à examiner impartialement la réalité, que se passe-t-il? D'un côté, la Russie n'a rien perdu de tous ses avantages : seulement, et nous devons nous féliciter de cette réaction, la race ottomane, si profondément humiliée il y a trois ans, a fait effort avec quelque succès pour n'être point platement absorbée. De l'autre, l'Angleterre, en faisant manœuvrer activement sa politique dans le Bosphore, est plus près de jeter l'ancre et d'arborer sa flamme dans les eaux des provinces arabes. Il s'ensuit donc que le moment d'une transaction entre les puissances européennes est plus proche que jamais.

Et cependant nous parlons encore d'une croisade en l'honneur de l'intégrité de l'empire ottoman, dont le partage s'opère tandis que nous délibérons! La Russie tient d'une part, l'Angleterre tire de l'autre. Eh! ne savons-nous pas que jusqu'au moment décisif la possibilité du partage est surtout niée par les co-partageans, dans l'espoir d'avoir chacun ou le tout ou une portion meilleure? Voulons-nous être dupes de ces protestations? A cette heure même, malgré une ferveur officielle pour la légitimité du Sultan, que dit l'Angleterre au sujet du désir qu'il nourrit toujours de ramener sous son autorité immédiate les provinces arabes? que ces provinces seraient à charge à la Porte, et qu'il lui suffit de la soumission et du tribut de Méhémet-Ali. Comme elle se propose d'arrêter le Pacha dans toutes tentatives d'agression ou d'indépendance, elle interdit au Sultan toute attaque contre son vassal. En un mot, elle tend visiblement à consolider son autorité dans ces provinces, en l'y mettant à l'abri de l'influence russe, et au-dessus de celles du Pacha et du Sultan que, dans cette vue, elle caresse ou menace, oppose l'un à l'autre ou sépare. Et nous continuerions à professer la foi dans l'intégrité de l'empire ottoman, en nous payant d'un mot contre lequel décide le fait?

Qu'on le remarque bien : à cette ligne de partage, tracée sur l'Orient par une fatalité européenne, correspond la division même qu'a tranchée une fatalité orientale. Oui, depuis longtemps l'empire ottoman tendait à se déchirer en ses deux grandes régions et ses deux grandes races, le Nord et le Sud, les Ottomans et les Arabes, et la main de l'Europe aide au déchirement. C'est donc en vertu d'une double nécessité que s'accomplit cette dissolution conspirée à la fois par la chrétienté et l'islamisme. Ce n'est pas nous certes qui aimerions à voir traiter l'Orient comme une terre déserte sur la quelle l'ambition de l'Europe n'aurait plus qu'à faire passer un inflexible méridien de séparation : mais lorsqu'en s'ébranlant le sol de l'Orient s'est divisé de lui-même selon les vœux de nos puissances rivales, il faut bien dire : *cela était écrit*. Aucune race de l'Orient n'est aujourd'hui assez forte pour le rallier tout entier sous son sceptre : aucune dynastie ne peut suffire à cette tâche. C'est pourquoi la question est de concilier le respect dû à la dignité des Orientaux et aux droits de leurs Pouvoirs avec le patronage nécessaire de l'Europe.

Entre les partisans de l'intégrité de l'empire ottoman, que ceux-là se consolent qui avaient surtout embrassé cette cause dans de généreuses sympathies pour l'Orient (1)! Soit qu'ils aban-

(1) Qu'il nous soit permis de signaler à la haute estime de nos lecteurs M. E. Blacque, fondateur du *Courrier de Smyrne* et du *Moniteur ottoman*. C'est à lui que l'Europe a dû la première appréciation intelligente et large de la situation de l'empire : nous ne parlons pas des services importans que sa position, ses lumières, son honorable caractère, le mettent à même de rendre depuis long-temps à la Porte.

donnent, soit qu'ils continuent leur rêve, leurs efforts auront toujours profité sous une forme ou sous une autre à leur magnifique client. Par eux, nous avons pris une conscience plus nette de la solidarité qui lie la vie européenne et la vie orientale : par eux, nous serons du moins toujours sollicités à de légitimes ménagemens pour l'indépendance de ce monde, quoique nous ne puissions nous y dévouer aveuglément. En évitant de tomber dans une dévote sensiblerie pour ce qui fut l'empire ottoman, nous porterons respect à toutes les races qu'il renferme, et à la noble race des Osmanlis, déchue de sa gloire passée, mais non pas condamnée à un avenir d'obscurité et de servitude. Comme eux, nous croirons à la régénération des Ottomans, mais sans croire à la restauration de leur empire : perpétuelle confusion dans laquelle tombent presque tous ceux qui traitent la question d'Orient!

Donc, l'Europe n'a plus à protester stérilement contre le fait, mais à l'accepter et à lui imprimer en l'acceptant de salutaires modifications. Longtemps peut-être la protestation est utile contre un fait nouveau : elle l'épuise par ses harcellemens continus de ce qu'il porte en lui de rude et d'insolite, soit en nous familiarisant peu à peu avec lui, soit en le plaçant lui-même dans des dispositions de sociabilité. Aujourd'hui ce doit être chose faite : il est temps de l'aborder directement. Si l'Europe, d'abord alarmée de l'installation de l'empire ottoman, eut l'art d'en tirer parti dans les vues de sa politique, elle saura bien retrouver dans son génie l'art d'approprier à sa politique nouvelle la dissolution de cet empire, dont elle se montre encore effrayée. Qu'elle regarde en face et sans terreur ces ruines immenses, qu'elle ne peut soutenir, mais qui ne doivent pas l'écraser : c'est à elle qu'il appartient de les rendre fécondes pour sa prospérité et pour celle de l'Orient. Qu'elle se hâte ! l'initiative lui appartient : au lieu de dire selon l'usage des Turcs, *nous verrons*, qu'elle voie !

MÉDIATION
DE LA FRANCE.

—

Si cette appréciation des tendances orientales et des prétentions européennes est vraie, ne parlons plus de guerre. Qu'y changerait la guerre? Rien. En la déclarant, nous ne ferions que prendre la voie des hostilités pour arriver à l'inévitable consécration de faits que nous ne pourrions détruire : ce serait presque livrer bataille la paix en poche. Toutefois nous croyons à l'utilité et à l'à-propos de vastes armemens ; c'est la guerre en poche qu'on traite de la paix.

Ne parlons pas davantage du *statu quo*. Assez de l'absurde tentative de maintenir éternellement ce qui ne peut être stable ! Assez de la stérile dissimulation de faits notoires sous un amas de papiers diplomatiques ! Assez de la complaisante résignation à toutes les manœuvres souterraines qui décident à petit bruit des destinées de l'Orient ! Que long-temps le *statu quo* ait été prudent et honorable, nous aimons à le reconnaître. C'était une sage concession à la puissance des événemens et aux répugnances qu'ils soulevaient ; c'était l'ajournement légitime d'une cause que l'irritation des parties intéressées empêchait de juger, avant que de nouveaux incidens et une lumière plus vive l'eussent éclairée. Désormais, il ne serait plus qu'un déni de justice à l'Europe entière et à l'Orient, une autorisation aux plus forts de se faire à eux-mêmes leur justice et la permission aux plus faibles de la subir. Au lieu d'un arrêt solennel et équitable, la noble cause qui nous occupe tous se traînerait équivoquement, à travers les chicanes, les subtilités et les écritures des chancelleries, jusqu'à un jugement à huis-clos, profitable seulement à ceux qui l'auraient dicté. Non, c'est au grand jour, à la face de Dieu et des hommes, qu'il doit être statué sur le sort de l'Orient. Il y aurait honte pour nous à laisser se consommer dans le silence et les ténèbres l'escamotage d'un monde et sa frauduleuse inféodation à la Russie ou à l'Angleterre. Quoi! plutôt que de sanctionner et de restreindre par cette sanction même des faits que nous voyons avec déplaisir, voulons-nous continuer de vaines gronderies et nous tenir bénévolement satisfaits d'un voile menteur? Aimons-nous mieux le viol nocturne que le mariage avoué? Dérision! Le *statu quo*, de la part de l'Europe, ne peut plus être qu'un acte de haute immoralité envers elle-même et envers l'Orient. L'Orient est le vassal de l'Europe entière, et ne sera point traîtreusement abandonné au vampirisme de la diplomatie qui l'exténue avec art pour disputer plus sûrement sa proie à nos hésitations. Feindrons-nous d'ignorer avec quelle perfidie ses patrons font avorter tous ses essais d'amélioration contraires à leurs vues, lorsque tant de fois on nous l'a dénoncée? Ne savons-nous pas que, dans l'incertitude de son sort, aucune de ses plaies ne se peut cicatriser, et s'aigrit, s'envenime au contraire sous leurs mains? Déjà nous avons beaucoup à réparer envers lui! Il est temps que les ambitions, qui aspirent à s'en faire un client et un protégé, se prononcent ouvertement, et qu'enfin la loyauté préside au règlement de tant d'intérêts divers. Si la robe de Mahomet doit être partagée, ce n'est pas dans l'ombre et sous d'indignes tiraillemens qu'elle doit tomber déchirée et souillée.

Plus de *statu quo*. Point de guerre. La paix! Conclusion par laquelle nous avions débuté, et à laquelle nous revenons, après avoir scrupuleusement interrogé, selon nos lumières, l'état des choses et les vœux de tous.

A la France appartient l'initiative de la paix. C'est le rôle que lui assigne ce génie conciliateur, dont tous ses actes ont témoigné aux yeux des puissances européennes et des populations orientales. Et ce rôle ne peut appartenir qu'à elle parce que, seule, elle s'est montrée désintéressée de vues d'occupation et d'empiétement. Donc, à elle seule le privilége d'une sainte impartialité. D'une autre part, le caractère même de son influence, toute morale et planant sur l'Orient sans base matérielle, lui fait une loi de ne pas laisser échapper l'occasion soit d'agrandir cette influence, soit enfin de la poser sur le sol, mais toujours pure de ce qui en altérerait l'élévation. Telle est l'heureuse condition de la France qu'elle ne peut faire la part de ses intérêts qu'en travaillant à concilier les intérêts de tous, et qu'elle trouve dans l'accomplissement d'un devoir public la satisfaction que réclame son ambition particulière!

On a reproché à la France d'avoir observé entre l'Angleterre et la Russie un juste-milieu, dont on a déploré la passive inertie. Pour nous, nous croirions plus juste de l'en louer. C'était le précédent nécessaire de la médiation active dont elle peut aujourd'hui s'investir.

Cependant, qu'elle y prenne garde! Si une

fortune immense lui est offerte pour résultat de sa modération, il y a pour elle deux manières de la manquer. Qu'elle tarde à provoquer un compte ouvert entre les ambitions flagrantes de l'Orient et laisse aller le train des choses, aux autres les pommes d'or, à elle rien de plus que la honte d'avoir tenu l'échelle. Que si, renonçant à ses antécédens, elle se jette dans la coalition de l'Angleterre; elle se réduit comme sympathie, influence, avantages industriels et commerciaux, aux proportions de l'Orient anglais, en s'y condamnant à un rôle secondaire, et elle se donne une défaveur marquée dans l'Orient russe, lorsqu'elle a le droit et le besoin de paraître en amie sur tout l'Orient : nous ne parlons pas même de tous les tristes antécédens de ces mesquines conséquences. Pour la France, dormir paisiblement sur le *statu quo* ou se livrer aux inspirations de l'Angleterre, c'est se trahir soi-même; c'est mutiler ses intérêts matériels et sa mission morale!

Ce ne sera pas en vain que la Russie et l'Angleterre, par le conflit de leurs énergies, auront sollicité la France à une attitude décidée. Entre deux concurrens qui se prononcent nettement, il ne lui sied point de s'effacer : la neutralité ne lui produirait que honte et désavantages, sans la soustraire à la responsabilité des événemens. Mais il ne lui sied pas davantage de s'unir à l'un d'eux pour effrayer ou tenter d'écraser l'autre : la France ne sera pas plus le gendarme de l'Angleterre que le complaisant de la Russie. Il lui convient d'être l'interprète et le gardien de la paix générale.

Félicitons-nous jusqu'au fond du cœur de l'alliance de l'Angleterre et de la France! C'est cette alliance qui rend possible la limitation pacifique de l'ambition russe en Orient, pourvu qu'elle ne dégénère point en une partiale condescendance à l'ambition britannique. Cette alliance est chargée de la guerre et de la paix du monde. Si la France permettait à l'Angleterre de la changer en une arme et de la lancer dans un choc contre la Russie, la foudre en sortirait qui embraserait une seconde fois l'Europe, et plus que l'Europe, une large part du vieux continent : si la France la désarme de cette terrible électricité qu'y condense l'Angleterre et la dirige avec sagesse, elle deviendra pour les peuples une source inépuisable de prospérités et sera bénie de tous. Imprudens ceux qui ne comprennent pas que cette alliance, dans laquelle s'est éteinte l'inimitié de deux grandes nations, n'est point destinée à rallumer un incendie! Imprudens ceux qui ne reconnaissent pas que cette alliance, qui en 1830 aida à une solution pacifique de la question occidentale, doit encore à cette heure aider à la solution pacifique de la question orientale! Imprudens ceux qui ne voient dans cette alliance qu'une vaste machine de guerre, au lieu d'y admirer une énorme puissance de pacification!

Il ne s'agit donc pas pour la France d'opter entre l'alliance de l'Angleterre et celle de la Russie, ou, en d'autres termes, entre les intérêts de ces deux nations; mais d'avoir égard aux uns et aux autres et de s'employer à les concilier en se ménageant la gloire et le prix de son intervention.

Cependant, ainsi que nous l'avons déjà exprimé, cette œuvre de médiation de la France ne nous semble ni pouvoir ni devoir s'accomplir sans la participation de l'Autriche : vouloir s'en passer, ce serait se créer des difficultés très-graves et manquer à de hautes convenances politiques. Ce n'est pas seulement qu'il soit utile, pour le réglement de toutes clauses, que l'ardeur britannique et la superbe russe trouvent auprès de la France la majesté prudente de l'Autriche : mais il est juste que cette puissance intervienne dans la discussion des destinées d'un empire auquel la lient ses frontières et toute son histoire. Le sort de Constantinople ne peut dignement se décider qu'à Vienne.

On redouterait à tort de la part de l'Autriche un refus de sceller de son sceau de vastes innovations. L'Autriche n'est pas vouée au *statu quo*, mais à une mission conservatrice, et le génie de la conservation n'est pas nécessairement immobile. S'il ne donne pas les signes de la marche, dès que tout se remue, il s'ébranle, et quand il ne peut obliger les autres à un ralentissement, il presse la mesure lui-même plutôt que de manquer à l'harmonie dont il a un éternel besoin, et c'est ainsi, du moins, qu'il est le contemporain fidèle des mouvemens les plus inattendus. Il faillirait par l'inopportunité de la temporisation aussi bien que par celle de la précipitation. Qu'on se rappelle avec quelle opiniâtreté l'Autriche défendit, contre la révolution, l'ordre social antique de l'Europe, et qu'on n'oublie pas que l'Autriche donna à cette même révolution, monarchisée dans le vainqueur de Marengo, une archiduchesse de sa maison impériale : elle obéissait dans les deux cas à son profond amour de l'ordre et de la paix. Ce même amour triomphera encore de sa répugnance à un accord nouveau des choses, aujourd'hui qu'elles ont pris une allure décidée. Nous n'avons point à mentionner quels avantages pourraient résulter pour l'Autriche des stipulations d'un pacte européen au sujet de l'Orient. Un premier avantage bien précieux serait la garantie de longs jours de tranquillité pour ses Etats, héritage qu'elle aime à grossir et à léguer aux générations à venir. Il serait beau d'ailleurs, il serait noble au Saint-Empire d'assurer les bienfaits de la paix à tant de nations du vieux-monde !

Loin de nous le ridicule de vouloir ici prévoir, discuter, régler les conditions d'un aussi vaste traité! C'est l'œuvre ardue et délicate des gouvernemens. Mais, en partant de faits manifestes ou de paroles déjà prononcées, il doit nous être permis de grossir d'une voix de plus les voix de l'opinion en hasardant quelques indications générales sur ce que nous croyons prudent et inévitable. Or, voici à quels arrangemens, sous l'inspiration de la France et grâce à la sagesse de l'Autriche, pourraient s'arrêter les puissances de l'Europe, en vertu de tous les événemens accomplis.

D'abord il serait du devoir et de l'intérêt commun de déclarer l'inviolabilité de l'Orient dans ses gouvernemens, ses lois et ses mœurs : l'Orient relève du patronage de l'Europe, mais il continue à s'appartenir, sauf la restriction que tout a mise à son indépendance.

Cela posé :

L'Angleterre veut et doit obtenir la jouissance de toutes les voies de communication avec l'Inde, et, par cela même, la sécurité de ses possessions asiatiques ;

La Russie veut et doit conserver la jouissance de la Mer-Noire, sa suzeraineté sur Constantinople et sur cette portion de l'Asie-Mineure où domine aujourd'hui son influence ;

L'Europe, la France en tête, veut et doit se garantir à tout jamais la liberté de la Méditerranée et l'accès de tout l'Orient.

Un traité ne ferait que consacrer mystiquement ces réciproques concessions, si l'occupation militaire n'en était l'expression positive.

Le drapeau russe flotterait aux Dardanelles et le drapeau britannique à l'isthme de Soueys : la France planterait le sien sur les côtes de l'Anatolie et sur le sol des provinces arabes, et poserait ainsi deux bornes vivantes à toutes tentatives d'usurpation sur les droits communs et ses droits particuliers, l'une au Nord, près de la Russie, l'autre au Sud, près de l'Angleterre. A ces deux stations françaises en Orient se lient, comme garantie de l'influence européenne dans la Méditerranée, l'occupation des provinces adriatiques par l'Autriche, la royauté bavaroise de Grèce, la possession d'Alger par nos armes, et un réglement du reste des côtes septentrionales d'Afrique, en vertu duquel devrait en disparaître l'autorité de la Porte masquant celle de la Russie.

Qu'on ne voie point dans ces propositions la prétention d'un système nettement formulé et absolu ! Nous admettons sans peine qu'on trouve à la question une solution meilleure, pourvu qu'elle satisfasse aux intérêts divers de l'Europe en y imposant de mutuelles limitations, pourvu qu'elle ne sacrifie point les intérêts de l'Orient. Tout ce que nous prétendons montrer par cette incomplète esquisse, c'est qu'il serait possible à la France, sans trahir sa propre cause et celle de son alliée, de faire des concessions à la Russie : c'est qu'il y aurait même pour elle, dans le rôle de médiation que nous aimons à lui concevoir, accroissement d'influence et bonification de ses intérêts ; c'est qu'enfin elle n'aurait qu'à y gagner sans risque et sans aventures. Puisqu'il est permis à chacun aujourd'hui de faire son plan de campagne, nous nous sommes cru autorisé à faire notre projet de traité. Il y a des parieurs pour la guerre ; nous parions pour la paix, mais sans immoler les droits du pays. N'est-il pas évident que, par cette double station, la France perpétuerait en Orient les glorieuses traditions de son influence et de ses actes? Ancienne alliée de l'empire ottoman et conquérante de l'Egypte, elle recueillerait justement tous les avantages qu'elle a su se ménager par sa longue intervention dans les destinées orientales ; et elle pourrait continuer aux populations de toutes les régions de ce monde les témoignages de sympathie qu'elle les a habituées à recevoir et à bénir.

Enfin, quelle que soit la solution prochaine de la question, il semble qu'il soit facile de la conformer à la doctrine de l'équilibre européen, non pas à la vérité en en perpétuant scrupuleusement le cadre brisé, mais en en conservant l'esprit dans l'application plus vaste à laquelle tout nous convie. C'est aussi à montrer la possibilité de cette transformation que nous nous sommes attaché dans ce qui précède : il nous était doux de laisser aux deux bras de la France la charge glorieuse de cette pondération nouvelle, au lieu de les affecter obstinément, au prix d'une lutte, à la vaine tentative de maintenir un système détraqué. Et ne serait-il pas bien étrange que la France, qui a rajeuni sa face et celle de l'Europe par une révolution, se déclarât le champion de l'immuable éternité de l'équilibre? Tout change, et ce pacte, dont nous avons fait notre livre politique, repousserait inflexiblement de ses marges tout commentaire du texte? On sait quelles interprétations il a forcément accueillies. Il suffira de peu de mots pour constater la nécessité impérieuse de modifications nouvelles auprès de ceux qui ne se constituent pas les janissaires de l'équilibre, et n'en invoquent le nom avec tant de zèle que comme un argument tout fait à l'appui de leur thèse.

Tant que l'Europe put se croire la base unique de ce pacte, elle dut le considérer comme inaltérable dans toutes ses clauses internationales. Mais le rideau, qui séparait l'Europe de l'Asie, a été déchiré par les conquêtes et les révolutions : ce mystérieux rideau, c'est l'Orient. Cette cloison tombée, l'Europe et l'Asie sont comme de plain-pied, se voient en quelque sorte du bout de l'une à l'autre, et ont conscience d'appartenir à un même ensemble auquel, par toute sa portion septentrionale, se rattache déjà l'Afrique. Trois nations, osons les en glorifier, ont assumé la responsabilité de ce résultat par des efforts isolés, qui se coudoient à cette heure. La Russie s'est dressée dans son ombre et a étendu les mains sur la Perse, et le nord de l'empire ottoman : la France, d'un seul coup, a fait sa trouée dans le sud de cet empire : l'Angleterre, à la suite de la France, a habilement cherché à nouer une amarre de Calcutta à Londres, à travers la Syrie et l'Egypte. C'est surtout en raison de l'activité excentrique de ces trois puissances, que la base de la politique européenne s'est élargie. Le pacte, qui en était la formule, ne doit-il pas pareillement s'élargir? Et remarquons bien que, malgré le changement survenu dans les proportions du terrain, la possibilité de l'équilibre reste la même. La Russie et l'Angleterre, qui sont, à des titres égaux, des causes de perturbations dans la continuation pure de l'ancien système, fournissent chacune à un système nouveau des élémens susceptibles de se contrebalancer, à la condition d'un pondérateur qui se rencontre dans la France.

Quoi ! nos envahissemens ont fait déborder l'Europe sur l'Asie et l'Afrique, et nous prétendrions limiter l'équilibre à notre sol européen ? Nos aréopages diplomatiques décrètent imperturbablement l'immobilité de leur système, tandis que tous nous avons été entraînés, et sentons encore le mouvement qui nous emporte au-delà des bornes qu'ils nous assignent ! Nonobstant leur sentence, cherchons à mettre d'accord nos actes et notre doctrine : nos actes sont ceux de hardis voyageurs, notre doctrine est celle de culs-de-jatte. Un nouvel arrangement est praticable avec les garanties satisfaisantes de sécurité, pourvu que nous dépaysions nos traités de paix casanière. Tâchons d'apprendre la géographie à nos traités, puisque nous nous la sommes si bien enseignée par nos excursions armées, industrielles, commerciales. C'est vraiment pitié de répéter incessamment notre formule surannée, lorsque l'Hymalaya, le Taurus, le Caucase, les Alpes, se rapprochent, et que le Gange cherche les embouchures de l'Euphrate, la Tamise celles du Nil, lorsque de toutes parts un puissant véhicule tend à lier les points du vieux-monde, par une rapidité de communications qui émancipe presque le temps de l'espace! Nous parlons chaque jour de verser les trésors de nos arts sur l'Orient : n'avons-nous pas aussi à orientaliser notre loi politique? Il faut nous y résigner, et nous ne sommes pas au bout. Quand nous toucherons à la Chine et au cap de Bonne-Espérance comme nous touchons maintenant à la Turquie et à l'Egypte, nous aurons sans doute de nouveaux articles à y interçaler. Du train dont nous allons, l'équilibre aura fait dans cent ans peut-être le tour du vieux continent. Puisque notre civilisation se fait nomade, il est nécessaire que notre diplomatie se fasse voyageuse. Ne serait-ce pas une dérision de la voir, opiniâtrément chaussée du vieil équilibre, rester en première position, et dire comme dans la comédie : Je ne saurais danser? Il y a pour elle de larges enjambées à faire, la salle de bal s'est agrandie : qu'au lieu de rester en pantoufles, elle prenne des bottes de sept lieues !

Quel que soit le réglement des droits et des prétentions en conflit, tout semble faire espérer que nous verrons se dissiper les inquiétudes dont l'ébranlement de l'empire ottoman affecte l'Europe. Avec lui ne périclite point la doctrine de l'équilibre : après s'être reposée sur lui pendant sa force et sa splendeur, elle retrouve encore en lui, dans ses conditions actuelles, un gage de durée et de développement.

Qu'on réfléchisse bien que, debout, cet empire ne fournit à l'équibre qu'un point d'appui, et seulement en raison de sa politique extra-chrétienne : en tombant, il s'ajoute lui-même à la base de cet équilibre transformé, et il s'associe à la politique de l'Europe, qui s'orientalise. Quel fut-il long-temps ? Un énorme dé avec lequel les Etats de la chrétienté jouaient les uns contre les autres : et tant que ces Etats, encore mal assis, durent se contenter de leur essai de concorde, défiance organisée, il leur fut nécessaire de pouvoir tour à tour amener en leur faveur les chances de mutuelles limitations. Alors notre société européenne, comprimée dans l'hostilité de ses intérêts par l'empire ottoman, ressemblait assez à l'église du Saint-Sépulcre à Jérusalem, où toutes les sectes du christianisme, ayant chacune sa chapelle, vivent fraternellement, à la condition que la police des lieux saints et les clefs de l'église soient entre les mains des Turcs accroupis aux portes, un long bâton à côté d'eux. Mais l'Europe n'a-t-elle point accompli un progrès qui la dispense de faire intervenir dans ses démêlés le cadi armé siégeant à ses frontières? La révolution d'Occident, en achevant de déterminer l'assiette et l'individualité de chaque nation chrétienne et en les animant toutes d'une vie commune, a supprimé les fonctions de l'empire d'Orient. L'Europe a travaillé à s'en passer au moment même où il allait lui faire faute, et si Napoléon contribua à le culbuter, il n'a du moins rien épargné pour en rendre les services inutiles. La chrétienté est aujourd'hui à même de régler amiablement ses droits et ses intérêts, sans le concours de cette fatalité étrangère qu'elle dut long-temps appeler à l'aide de son imparfaite providence : ce n'est pas lorsqu'elle témoigne d'une harmonie croissante, qu'elle serait réduite à s'entr'arracher le bâton du Turc pour en battre brutalement la mesure. Enfin, la paix de l'équilibre fondé sur l'élévation de l'empire ottoman était une paix méticuleuse et passive : la paix de l'équilibre fondé sur sa décadence est une paix franche et agissante. Ce qui fut long-temps un amortissant nécessaire de notre activité, en devient, à cette heure, un élément salutaire. Par l'installation de l'empire des Osmanlis, les Croisades avaient pris fin, et l'Orient, qu'il occupait tout entier, demeura justement fermé aux agressions de la chrétienté : il se dissout, et sa ruine rouvre une seconde fois l'Orient à l'Europe, non plus pour la guerre, mais pour une croisade pacifique, pour une propagande de civilisation! Ainsi se résout le fait grave qui préoccupa le quinzième siècle de son apparition et dont le déclin ne préoccupe pas moins fortement le dix-neuvième!

La France, qui présida au vieil équilibre,

n'est-elle pas destinée à provoquer par ses inspirations la combinaison des élémens tout prêts d'un équilibre nouveau? Ce serait, selon nous, lui dérober une popularité immense que de prétendre la jeter dans telle ou telle coalition, quand tout la dispose à poursuivre l'œuvre de médiation entamée. C'est à elle qu'est reservée la gloire de conjurer, par une paix vraie, féconde, brillante, les orages que ne peut conjurer, que laisse plutôt s'amasser le calme terne et plat du *statu quo*. En adoptant cette politique d'intervention entre la Russie et l'Angleterre, elle pratique au dehors le système qu'elle a suivi au dedans : limitation des prétentions extrêmes, concessions alternatives aux exigences de l'ordre et de la liberté, préludes à leur conciliation. Avant de pouvoir porter au dehors et sur une vaste échelle le système qui la caractérise, elle devait l'avoir consolidé au dedans : mais cette œuvre est assez avancée intérieurement pour qu'elle puisse s'en proposer extérieurement une grandiose transfiguration. Si, depuis Napoléon, le pacte du vieil équilibre s'est divisé en deux feuillets, la Sainte-

Alliance et la quadruple alliance, expressions des deux grands partis de l'Europe, il lui appartient de préparer la réunion de ces deux feuillets hostiles dans un pacte nouveau !

PAIX ET CIVILISATION.

—

Une prodigieuse fortune met l'Orient aux mains de l'Europe qui jadis essaya vainement de s'y bâtir des trônes à côté d'un tombeau : c'est aux mains de l'Europe tolérante que, plus tolérant lui-même, l'Orient est remis à cette heure. L'abus de la force n'aurait même plus le fanatisme pour excuse. Vieux monarque, contraint d'abdiquer, mais empreint d'une ineffaçable dignité, l'Orient a des droits sacrés à la sympathique et respectueuse tutelle de l'Europe.

Jusqu'à ce jour qu'avons-nous fait pour l'Orient? Nous nous glorifions de l'excellence de notre civilisation, et depuis qu'il en implore les bienfaits, nous n'avons guère su que lui enseigner notre maniement d'armes, notre discipline, notre tactique. Prélude sans doute nécessaire à une initiation plus large! C'était seulement par notre supériorité militaire que nous pouvions lui certifier la supériorité de nos arts : d'ailleurs il était bon que nous rendissions notre protégé respectable à notre protection même. Néanmoins préoccupés de nos ambitions, nous avons avec indifférence détourné nos regards de ses plaies, ou nous les avons complaisamment sondées dans leur profondeur en les irritant avec perfidie, afin de calculer les chances et d'assurer le succès de nos prétentions en lutte. Nous n'avons pas osé nous le disputer en croisant nos épées; mais c'est à lui, c'est à la proie convoitée que nous en avons fait sentir la pointe, en le saignant ténébreusement pour qu'il ne pût nous échapper : le faible nous a trouvés courageux! Nous le courbons, haletant, défaillant, misérable, sous l'oppression de notre paix, et l'acharnement du choc ou du réglement de nos rivalités n'est pas seulement pour lui l'obligation de temporiser avec ses douleurs, c'est un surcroît de douleurs nouvelles que lui inflige notre apparente modération. Aux ulcères qui le rongent nous avons ajouté un chancre, notre paix. Aurait-il besoin de repos? il faut qu'il arme et s'y épuise de ressources et d'hommes ou pour conjurer nos menaces, ou pour servir d'instrument à nos vues, ou enfin pour se défendre contre lui-même; car notre art est de tenir toujours une de ses mains en terreur de l'autre. Veut-il essayer quelque amélioration intérieure? Son projet est le champ de bataille de toutes nos influences : c'est un mourant qui cherche un remède, et la coupe se brise entre nos efforts jaloux d'être seuls à la lui offrir. Nous, si dédaigneux de la barbarie de l'Orient, nous qui avons affiché tant de fois le fastueux prospectus de sa civilisation, qu'avons-nous fait, que faisons-nous encore? Nous le scandalisons par le conflit de nos ambitions tracassières, nous l'immolons clandestinement à nos mutuelles conspirations; et le déplorable patient, qui attend de nous la santé et la vie, jusqu'à ce que ses augustes médecins soient d'accord entre eux, n'a d'autre mesure de leur affection et de leur science qu'une émulation d'habileté à entretenir ou même à aggraver ses maux !

Hâtons-nous donc, s'il est possible, de conclure une paix qui soit une trève de Dieu : car notre *statu quo* n'est que la trève du diable !

Les nécessités de notre politique européenne appellent nos drapeaux et nos tentes en Orient. Que l'Orient dans cet appareil ne puisse jamais voir le triomphe insolent de la puissance, mais le gage de la concorde commune et de sa régénération, et il accueillera paisiblement ses visiteurs armés. L'Orient ne frémit pas de honte et d'indignation au spectacle de la force : la force vient de Dieu, et il s'y soumet tant que de Dieu vient aussi l'usage de cette force. Tout ira bien, si, les armes à la main, nous sommes ses hôtes, ses amis, ses bienfaiteurs : tout irait mal, si nous voulions être ses maîtres.

Ne déplorons pas, par une excessive jalousie

de la dignité de l'Orient, ces nécessités de notre politique. Ce sont elles qui battent impérieusement le rappel à nos molles et vagues sympathies pour lui, qui les rallient sous le drapeau et les mettent définitivement en route. Nous continuerions long-temps à rêver son salut et à dormir, si le tambour ne battait la diane, et si le départ n'était à l'ordre du jour. L'Orient ne peut pas être civilisé à distance, et que font pour lui quelques individus épars, malgré leur mérite et leur zèle? Ces volontaires, ces enfans perdus de la civilisation européenne n'ont pu que préparer les logemens : il est bien temps que la campagne s'ouvre! Et sait-on bien quelle est jusqu'à présent la figure de la civilisation en Orient? Sauf de rares exceptions qui, par des talens supérieurs et d'éminens services, ont forcé son estime, son admiration et sa reconnaissance, c'est pour lui une mendiante qui mourait de faim en Europe et qui vient ramasser quelques miettes de sa table, une aventurière qui trafique de guenilles et d'oripeaux, pacotille de rebut qu'elle lui surfait toujours, une bavarde, prodigue de paroles et chiche d'effets, une langue d'or et une main de cuivre! On n'étonne pas l'Orient à peu de frais. La civilisation restera un mot sonore, mais un mot et rien de plus qu'une promesse, aussi long-temps que l'Europe n'aura pas écrit en signes manifestes comme les étoiles ses merveilles sur cette terre : l'Orient croit à ses yeux et à ses mains. Il importe que l'Europe ne soit plus condamnée à demeurer chétive et solitaire face à face de cet Orient immense et superbe, comme un enfant au pied des Pyramides : la régénération qu'elle médite est à ce prix. Il faut que l'Europe déborde et s'épanche sur lui pour le féconder et le rajeunir : que signifient les lentes et imperceptibles satisfactions que lui apportent quelques gouttes de rosée que d'aventure le vent jette à l'aridité de ses sables? Il faut que l'Europe soit largement et dignement représentée chez lui, qu'elle puisse y déployer ses prodigieuses ressources, l'instruire par de vastes applications au lieu de lui distribuer parcimonieusement des théories, et faire son éducation avec l'autorité des exemples, des personnes, des résultats puissans et grandioses. Et c'est alors que l'Orient, comprenant et confessant la supé riorité actuelle de notre génie, pourra étreindre avec amour notre civilisation, comme ce géant digne de l'Orient, Kléber, prenant entre ses bras Napoléon dans ses transports d'admiration et d'enthousiasme.

Mais ne l'oublions pas : le respect pour les pouvoirs, l'administration et les croyances de l'Orient, telle est la première condition du patronage de l'Europe. Notre œuvre de civilisation ne saurait commencer par une révolution politique, morale, religieuse. Sous ce rapport, l'Orient s'est lui-même chargé de la tâche, et c'est à lui seul qu'il appartient de continuer les développemens de sa réforme selon la mesure de ses besoins et et de ses inspirations. Il doit nous suffire qu'il ait abaissé ou assoupli, dans les barrières de la loi religieuse, les obstacles qu'aurait rencontrés l'importation de nouveautés étrangères. C'est donc seulement par sa présence et ses insinuations, jamais par une intervention directe, que l'Europe aurait à agir dans la sphère de la vie orien tale, en invoquant l'intermédiaire obligé des autorités du pays.

Il semble que nous soupçonnions peu ce que c'est que l'islamisme. Depuis que nous avons vu des Musulmans, en pantalon et en redingote, boire du champagne et porter des toasts à la civilisation ou aux femmes, nous nous sommes persuadés que l'Orient était tout entier converti à nous, qu'il avait noyé sa foi au Koran dans nos vins, et ne connaissait plus d'autre prophète que l'Europe. Renégat de toutes ses traditions, catéchumène disposé à mettre le croissant au pied de la croix ou du moins à embrasser nos lois, nos mœurs, nos arts avec un oubli complet de ce qu'il est lui-même, tel nous l'avons jugé. A peine avons-nous fait plus de cas de l'autorité religieuse du Sultan dans l'islamisme, que de celle de l'abbé Châtel dans la chrétienté. Il n'en est point ainsi : notre fatuité de civilisateurs nous rend trop facilement dupes des apparences. Si l'Orient, dans une réaction d'abandon et d'humilité contre sa défiance et sa fierté première, s'est précipité vers nous, se dépouillant de tout ce qui le faisait oriental, asiatique, musulman, se travestissant à l'européenne, et nous disant : « Regardez-moi, je suis aussi des vôtres ; » soyons moins prompts à le prendre au mot. Le sacrifice de ses formes n'entraîne pas celui de son caractère : il nous laisse son manteau, mais pour n'être pas violé. Et c'est afin que nous ne touchions pas, malgré lui, à son corps et à son ame qu'il s'est fait de notre habit même un rempart contre nos invasions de toute nature. Point de doute qu'il n'ait commencé et ne continue à plier le texte sacré aux commentaires que nécessite l'urgence des innovations ; la réforme est le jésuitisme musulman. Mais il ne blasphème, ni ne déchire le livre de ses pères : le Koran est encore pour lui le dernier mot de la sagesse divine. Nous, que la philosophie a sevrés du lait de toute croyance, il nous amuse de voir les Musulmans s'essayer à faire les esprits forts, et pour lapider leur Prophète nous leur prêterions volontiers les pierres dont nous avons estropié les nôtres. Néanmoins, l'Orient est moins facile que notre Occident à se tourner lui-même en dérision, et il se montre moins ingrat au passé dont les traditions ne lui sont point un lourd fardeau. Ne craignons pas qu'il y reste asservi : n'imaginons pas qu'il les secoue irrévérencieusement. Notre esprit audacieux de l'Occident se fait en quelque sorte équilibre à lui-même : l'Orient aime reposer sa tête sur un livre et sa main sur un signe. Les sectes religieuses peuvent s'y multiplier, le scepticisme ou l'indifférence ne peuvent y naître ou s'y transplanter. Pour l'Orient, croire, adorer, bénir, est un besoin. Dieu le tente incessamment par la magnificence et la grâce dont il se revêt dans le ciel ou sur la terre ; incessamment Dieu lui raconte sa gloire éternelle ou lui met sous les yeux son nom immense. Gardons-nous donc bien de le supposer d'une aussi facile composition pour sa foi, ses mœurs et ses lois, qui se tiennent en un même code. Chose étrange ! nous accusons la barbare Russie de se proposer l'envahissement matériel de l'Orient, et c'est avec une admirable sécurité de conscience que nous en méditons l'envahissement intellectuel et moral, comme si un monde n'existait que par son territoire ! D'ailleurs, il est une civilisation orientale, dont l'essor, dès long-temps arrêté, mais naguère si vif, féconda la nôtre, et ne lui demande qu'un nouveau contact pour se ranimer encore. Voyons enfin l'Orient tel qu'il est : assis au milieu des ruines de sa grandeur et de son opulence, saignant de ses blessures, revêtu de fastueux haillons, il tend la main à l'Europe, et espère en un secours étranger; mais il croit à Allah et à lui. Ce qu'il croit, ce qu'il vénère, ce qu'il pratique, tout cela fait partie de lui, c'est lui-même. N'y touchez pas malgré lui, ou vous lui répondez d'une lettre, d'un fil, d'un poil. Sa dignité veut rester entière. Allah, selon sa volonté, distribue le pouvoir, la science, la force, et il plie sous Allah : mais Allah est aussi avec lui, et lui dirait comment se punissent un sacrilége et une injure.

Ne nous lassons donc pas de le répéter : l'Europe doit un plein respect à l'Orient dans ses dynasties, sa hiérarchie administrative, et tout ce qui constitue l'ensemble de sa vie propre. En cela, elle n'innovera point; elle se conformera à un sage exemple donné par les Ottomans aux jours de leur conquête. Les vainqueurs de l'Orient permirent aux Grecs, aux Arméniens, aux Juifs, etc., de se régir suivant leurs lois, leurs usages, leurs croyances, se gardèrent bien d'intervenir dans l'administration de chacune de ces nations, et leur laissèrent même l'élection de leurs chefs, de leurs magistrats, de leurs prêtres. Il est à coup sûr possible de faire mieux que ne firent les Ottomans : mais ce grave précédent indique nettement dans quelles bornes la haute suzeraineté européenne doit savoir se renfermer, et comment son autorité suprême se peut concilier avec la liberté des races orientales. Si l'Europe prétendait découper l'Orient en pachalicks pour en conférer l'investiture à ses préfets, à ses généraux, voire même à ses feld-maréchaux, elle ferait prudemment, non seulement de mettre à la disposition de chacun une triple force pour se soutenir, mais encore de lui donner avec la pelisse d'honneur une cuirasse contre le poignard et une pharmacie de contre-poisons. Que l'Europe se garde bien d'allumer sous ses pas un inextinguible foyer de complots ou de révoltes. Ce serait un cruel ajournement à l'œuvre de paix et de civilisation que réclament l'Orient et l'Europe.

Qu'Alger nous soit en exemple ! la France y a changé les pouvoirs établis, s'est installée en maîtresse absolue, et est partout intervenue. Déjà elle a été forcée de songer à rappeler les Turcs qu'elle avait d'abord expulsés, et qui lui semblent aujourd'hui peut-être d'utiles intermédiaires entre elle et les populations. Déjà elle trouve un peu lourd le poids de cette colonie, précisément parce qu'elle a voulu en faire une colonie, au lieu de se borner à une protection armée du développement de tous les intérêts qu'elle s'y pouvait créer et entretenir. L'Europe, sur la terre d'Orient, ne doit pas avoir la prétention d'avoir aux semelles de ses souliers le sol de la patrie.

Enfin, remarquons bien que cette nécessité de ménager l'indépendance et les priviléges de l'Orient maintient forcément les puissances de l'Europe dans la ligne de la modération et de la concorde.

Peut-être suffit-il des considérations précédentes pour se représenter sous un jour plus vrai les rapports de la Russie avec les Ottomans. Ce qu'eût fait Catherine II, si Stamboul fût tombé entre ses mains sous le coup même de son vœu, nous l'ignorons : peut-être eût-elle de Stamboul refait brusquement Constantinople, chassant Allah de Sainte-Sophie et la rebaptisant au nom du Christ, chiffonnant l'étendard du Prophète, et mettant le croissant sous ses pieds. Mais l'âpre désir de la Czarine a eu le temps de mûrir au cœur de ses fils. Tout s'est changé, la Russie, l'empire ottoman, l'Europe ; et la violence est devenue une impossibilité. Qu'il nous soit permis de le dire : mieux que l'Europe peut-être, la Russie comprend ce qui reste d'énergique vitalité dans l'islamisme. Elle l'a vaincu, mais elle sait à quel prix. Elle en porte les cicatrices encore fraîches, et dans l'ennemi dompté, elle ne peut, à l'heure du triomphe, mépriser un indigne adversaire. Elle ne se jouera point à lui quoique désarmé et soumis. Si ce n'est pas avec un respect philosophique pour la dignité humaine ou avec le laisser-aller d'une vague tolérance qu'elle traite les Ottomans, ce sera du moins avec les égards que lui inspireront les souvenirs d'une grande lutte, l'appréciation de ce que vaut une croyance, les secrètes intelligences de son génie avec le génie asiatique, et sa longue pratique des populations orientales. La Russie, eu égard à l'Europe dans ses relations avec l'islamisme, est dans la même position que le vieil empire d'Orient comparé à nos Croisés : elle le connaît mieux. Son expérience et son génie politique la garantiront d'un abus funeste de la puissance. La Russie, ramenée une seconde fois au Bosphore, n'ira point casser Stamboul et détrôner le Sultan. Qu'elle se gardera bien de briser l'anneau d'or par lequel elle se rattache la soumission des Ottomans! Plus tard que deviendra le Sultan? Où s'achèveront les destinées du commandeur des croyans? Reverra-t-il dans Koniah le berceau de la grandeur politique de sa Maison ou dans Bagdad le siége des Kalifes dont il usurpa l'héritage religieux? Quoi qu'il advienne, aujourd'hui la Russie est trop prudente pour inaugurer officiellement sa suzeraineté par une révolution contre le chef de la race ottomane : elle ne donnera point aux populations musulmanes un exemple de mépris pour un pouvoir doublement sacré, pouvoir de monarque et de pontife, lorsque son Czar lui-même porte en main un sceptre à la fois spirituel et temporel. Ni la Russie ni l'Orient ne se plaisent aux profanations de l'autorité.

Que s'il se rencontre quelques esprits assez étroits pour imaginer que la Russie réalisera un vœu long-temps exprimé par notre fanatisme de civilisation, en expulsant les Turcs de Constantinople, que disons-nous? en balayant même de l'Anatolie toute la population et en la refoulant, loin de l'Europe, jusqu'au centre de l'Asie, ne soyons pas assez simples pour imaginer que le cabinet de Saint-Pétersbourg agira sous l'inspiration de nos petites sacristies philosophiques ou chrétiennes. Le Czar de Russie au XIXe siècle ne sera point le plagiaire de Philippe II. Sans chercher à montrer le ridicule assez évident d'un déménagement de quatre ou cinq millions d'âmes, pour lesquels cependant la Sibérie doit paraître un domicile tout prêt, une sorte d'enfer glacé digne de tels mécréans si amoureux du soleil, disons que la Russie n'a aucun intérêt à dépeupler l'Anatolie de cultivateurs, surtout lorsqu'elle n'a aucun excédant de population à y verser. Ajoutons que la gloire de la Russie est de gouverner des populations de races, de langues, de croyances diverses, auxquelles elle est fière d'imposer ses lois.

N'est-il donc pas étrange qu'on parle si souvent de dépeupler l'Orient pour y faire place aux Européens ou de le coloniser comme s'il était désert? Est-ce de territoire ou de voies de communication que l'Europe a besoin? A l'Orient sa terre! A l'Europe les grands chemins de ce monde! N'est-ce pas dans les chemins que réside au fond la question orientale? Des chemins à la Russie par la Mer-Noire, le Bosphore, les Dardanelles! Des chemins à l'Allemagne par le Danube! Des chemins à l'Angleterre par l'Euphrate, la Mer-Rouge, le Nil! A Dieu ne plaise que l'Europe ait à convoiter l'Orient du même œil qu'Israël la Terre-Promise, pour s'y coucher vive et morte, et se l'incorporer! Nous ne laissons pas derrière nous le désert. A l'Orient son paradis terrestre! A l'Europe et à sa civilisation le droit de passage! Et c'est justice. Il faut aujourd'hui, pour établir les voies de communication qu'exige l'essor toujours croissant des relations commerciales, toute l'énergie de découvertes et d'applications du génie européen! Sans doute l'Orient est assez vaste pour accueillir en foule nos émigrations. Mais nous ne demandons pas à l'Orient son monde, nous lui apportons un autre monde qui s'ajoutera au sien en l'embellissant, le monde de toutes nos créations industrielles! L'industrie! voilà la puissance moderne qui permet à l'Europe de conquérir pacifiquement le globe et de se l'inféoder sans en détruire la liberté, sans le dépouiller, mais au contraire en laissant sur toutes ses traces la prospérité, la splendeur et la joie! Voilà la puissance qui jette nos colonies nouvelles en camps volans sur la face du globe, sans que leurs succès et leur gloire aient besoin d'usurpation, d'oppression, d'extermination! Donc, à l'Orient sa terre! Mais, sur cette terre, place aux chemins de l'Europe, place à son industrie!

Nous croyons avoir montré ce que renfermaient d'espérances pour la régénération de l'Orient les nécessités de notre politique européenne. Mais si l'Orient a besoin de nous, n'avons-nous pas besoin de lui? L'Orient se meurt de son immobilité prolongée; nous, ne dépérissons nous pas d'une mobilité sans but et sans carrière? Depuis Napoléon, l'Occident est au repos, repos abondant en découvertes, en populations, en désirs de nouveautés, en rêves d'amélioration, en fermentations inquiètes et convulsives. Sous une fatalité de luttes et de résistances continues, ne tournons-nous pas dans un même cercle, en risquant tour à tour de nous accrocher aux révolutions ou à leurs bornes? Nous ne sommes plus à cette époque où nos constitutions éternelles se succédaient coup sur coup en se culbutant l'une l'autre dans le terrible jeu d'une activité désordonnée: mais la société, raffermie par notre expérience et notre modération, n'accuse-t-elle pas amèrement ces impatiences qui la menacent de leurs explosions ou l'importunent de leur fumée? Naguère, qui arracha la France à l'anarchie? la liberté de courir l'Europe. Les clubs se fermèrent quand les camps s'ouvrirent. Le peuple cessa d'être un instrument des factieux, quand il put ouvertement conspirer sa gloire et celle de la France; ce fut sur les champs de bataille et jusque sur les trônes que Napoléon déporta la République. Et qu'on n'imagine pas qu'on décrète fructueusement la modération et la patience, lorsqu'une partie de la population se remue sous un aiguillon qui l'agite et la presse! Il est des momens où les nations se perdent sur la place publique et ne se sauvent qu'aux frontières. L'ordre est aujourd'hui pour nous du plus haut intérêt : ce n'est que pas à pas qu'il nous est possible de marcher, et cependant il est foule de gens qui aiment courir. Il semble donc qu'il soit de la sagesse des gouvernemens de profiter des circonstances pour déterminer, outre ce mouvement lent et paisible, un autre mouvement prompt, rapide, vaste, où s'absorbe l'excédant de l'activité sociale. Ce qui ne s'en dépense point est un trouble ou une perte. Quoi! nous ne voulons pas, dans nos usines, nous laisser dérober un atôme de la vapeur qui meut nos machines, nous en poursuivons l'application à tous les travaux, à tous les usages, dans tous les recoins de nos ateliers : en nous attachant à en prévenir les effets désastreux, nous nous évertuons à l'utiliser jusqu'à extinction, et c'est alors seulement qu'elle peut s'exhaler en couronnant le théâtre de nos travaux de ses blanches nuées : et nous n'aurions pas de l'activité humaine, de cette force qui meut toutes les autres forces, de cette puissance qui est dans notre sang, dans nos nerfs, dans nos entrailles, nous n'en aurions pas un respect jaloux, une distribution prévoyante, une sainte avarice, une féconde prodigalité? Nous croyons avoir tout fait quand nous lui avons ménagé pour soupape de sûreté le tribunal, et pour réfrigérant la prison! Nous abandonnons aux caprices de sa fougue ou nous asservissons à une stérile répression cette puissance qui ne demande qu'à être aidée et réglée dans son développement pour produire des merveilles! Heureusement, les temps viennent en aide à notre sagesse. La politique ouvre un cours à notre activité vers l'Orient, si nous voulons en saisir les occasions. Pour assurer à nos sociétés cet ordre intérieur que réclament les intérêts de tous, nul doute qu'une œuvre extérieure ne soit indispensable ; ou la guerre ou un grand essor industriel, ou la destruction ou la production, il nous en faut une. Riches de tous les trésors de la civilisation, la France et l'Angleterre peuvent-elles hésiter ?

Et n'est-ce pas dans ce mouvement que se trouve la solution de tant de questions éternellement débattues et rebattues ?

La Russie nous épouvante par son ambition continue d'empiétemens, et, pour ne plus la redouter, nous avons imaginé de la clouer sur place ! Eh ! laissons-la donc marcher, puisque Dieu en a fait un grand voyageur : mais marchons nous-mêmes ! Allons au-devant d'elle sur cette terre d'Orient où sa route la conduit, non pas pour la combattre et la garrotter, mais pour y conquérir pacifiquement notre part de fortune et de gloire !

Sans cesse nous nous récrions sur l'étrangeté d'une mission civilisatrice confiée à la Russie! D'accord. Elle emprunte, elle ne peut pas encore prêter. A qui donc est dévolu le ministère de l'initiation plus complète des populations orientales? A qui, si ce n'est à l'Europe? Mais si elle ne veut pas perdre sa peine à sermoner la Russie sur son incapacité, que l'Europe se bouge! Alors, avec moins d'humeur, nous reconnaîtrons que l'œuvre prodigieuse de la civilisation admet la multiplicité, la diversité des fonctions; nous ne refuserons à la Russie ni pour le passé ni pour l'avenir la gloire d'un rôle immense; nous ne lui envierons point le prix de ses labeurs; mais nous harmoniserons nos rôles avec le sien.

A bien voir, que doit-il résulter de cette expansion de l'Europe? ou que le mouvement inverse se produira dans la Russie; c'est-à-dire, qu'assurée de la tranquille possession des avantages si long-temps ambitionnés, elle se reprendra à elle-même pour s'occuper de vastes améliorations intérieures : ou qu'elle dirigera son activité vers l'Asie centrale, peut-être vers la Chine, et préparera une nouvelle besogne aux congrès de l'avenir; mais à chaque temps la sienne! Quoi qu'il en soit, elle tournera sa face vers l'Orient et vers elle-même, et son aigle sera assez occupée à veiller d'une tête sur son aire, de l'autre sur son Orient!

Enfin, cette œuvre commune de civilisation est la garantie d'une harmonie croissante entre les nations de l'Europe. Pour chacune d'elles, le cercle des sympathies s'élargira en raison d'une solidarité plus complète d'intérêts. Quel spectacle pourrait présenter un jour l'Orient, affranchi de la crainte perpétuelle de la guerre, de la ruine, de la servitude, réunissant l'Europe dans un vaste camp où flotteraient les couleurs des diverses puissances! La force, aux mains de la civilisation, assurerait l'ordre, et protégerait l'essor de toutes les entreprises industrielles ou commerciales. Comme jadis à l'ombre des drapeaux de la croisade accouraient les bandes de pélerins, les fils de l'Europe moderne iraient chercher fortune en Orient, et les bras de ses légions, oisifs pour les batailles, gagneraient leurs chevrons dans ces campagnes de gigantesque industrie qu'aurait conçues le génie des gouvernemens. Sous les efforts réunis de tant de populations diverses, tout le littoral de la Méditerranée, de la Mer-Noire et de la Mer-Rouge rajeunirait et s'embellirait encore. Tâche magnifique où se continuera notre grande tâche moderne! La Révolution fut pour les nations de l'Europe une communion par la guerre; après ce sacrifice sanglant qui déjà les a toutes rapprochées entre elles, l'heure approche de la communion par le travail et la paix. Ce que l'Occident a commencé, l'Orient l'achèvera. A ce banquet de la chrétienté prendront place les populations de l'islamisme : l'Orient est la Cène des nations.

Nous craignons que tout cela n'ait l'air d'un rêve aux yeux de nos hommes prétendus positifs, qui se plaignent qu'on fasse de la poésie en politique. Nous nous bornons à les prier de dire positivement ce qu'ils veulent au sujet des affaires d'Orient. Si c'est le *statu quo*, rien n'est moins positif, et la Russie et l'Angleterre auront à les remercier de livrer l'Orient à leurs influences.

Si c'est la guerre, qu'ils la demandent et la fassent s'ils la veulent à tout prix : mais encore vaut-il mieux rêver la paix que de crier la guerre, les bras croisés. Si c'est la paix, comment peuvent-ils la concevoir digne, noble et féconde sans notre mouvement vers l'Orient?

Qu'ils songent que ce rêve d'Orient est le rêve de Napoléon : il a tracé la voie. Un instant même, il toucha à cette terre, et il mêla aux rangs de son armée une immortelle cohorte de savans et d'ingénieurs : la guerre avait ouvert la campagne, et d'immenses travaux devaient la clore. L'Occident le rappela, et son rêve ne s'est point accompli : mais le rêve d'un grand homme est la vie des générations qui le suivent. Quoi! nous ne nous lassons point d'invoquer un mot échappé de ses lèvres contre les envahissemens du Nord; nous avons foi dans son présage, et nous ne voulons pas avoir foi dans son rêve d'Orient, dont il avait commencé à faire une prestigieuse histoire! Cependant, c'est en continuant son rêve que nous pouvons avec efficacité conjurer son présage! Ouvrons ses proclamations et ses bulletins de l'expédition d'Egypte : là se trouve encore un mot d'ordre pour l'Europe et pour la France : *la civilisation retourne à l'Orient !*

FIN.

www.ingramcontent.com/pod-product-compliance
Ingram Content Group UK Ltd.
Pitfield, Milton Keynes, MK11 3LW, UK
UKHW012035240726
13965UKWH00003B/803

9 782013 541268